高中数学核心素养的培养与探索研究

张绍坤◎著

線裝書局

图书在版编目（ＣＩＰ）数据

高中数学核心素养的培养与探索研究 ／ 张绍坤著
. -- 北京 ：线装书局，2021.10
ISBN 978-7-5120-4651-1

Ⅰ．①高… Ⅱ．①张… Ⅲ．①中学数学课－教学研究
－高中 Ⅳ．①G633.602

中国版本图书馆CIP数据核字(2021)第187679号

高中数学核心素养的培养与探索研究
GAOZHONGSHUXUE HEXINSUYANG DE PEIYANG YU TANSUOYANJIU

作　　者：张绍坤
责任编辑：林　菲
出版发行：线装书局
　　　　　地　　址：北京市丰台区方庄日月天地大厦 B 座 17 层（100078）
　　　　　电　　话：010-58077126（发行部）010-58076938（总编室）
　　　　　网　　址：www.zgxzsj.com
经　　销：新华书店
印　　制：北京四海锦诚印刷技术有限公司
开　　本：787mm×1092mm　16
印　　张：7
字　　数：137 千字
版　　次：2022 年 8 月第 1 版 第 1 次印刷

线装书局官方微信

定　　价：55.00 元

前　言

　　数学课程标准明确指出，高中数学教学不仅仅要把知识整合起来，发扬人文精神，还要把科学精神作为基点。数学教育不仅能给学生传授知识和培养能力，而且还是一种文化，具有十分重要的价值。在教育改革之后，教师要把数学教学的价值和教育改革结合起来，才能取得数学教学改革的成功。

　　在我国长期的教学实践中，多数数学教师习惯于传统的教法，在高中数学课堂教学中只注重教学生现成的数学结论，并要求学生牢牢记住这些结论，而不给学生讲解这些结论或定理的形成过程，教师讲解例题让学生模仿练习，这在某种程度上限制了学生创造性思维的顺利发展。另外，现行的高中数学教材一般是先介绍概念，然后得出结论，给出例题，让学生模仿例题做练习，最后对一些知识点的应用简略地介绍。长期这样的教学模式使学生形成固定的思维模式，使学生的积极思维和独立思维能力受到影响。要改变高中数学教学的上述现状，教师担负着十分重要的责任，而要改变这种现状，必须从教学的方式方法上做起。

　　本书从我国高中数学核心素养的具体内容进行探讨，并剖析了一些高中数学教学的有效途径。社会需要发展，时代需要进步，教育改革实际上也是顺应社会发展的改革，是培养社会所需人才的改革。当今时代需要的是综合、全面的人才，也是核心素养高的人才。因此，就数学教学来讲，我们要不断拓展培养学生数学核心素养的途径，力求最大限度地满足时代发展的需要。

目 录

第一章 核心素养和数学素养

第一节 核心素养基本概述

一、核心素养的内涵

（一）"双基""三维目标"与"核心素养"的提出

教育部颁发的《中学暂行规程（草案）》中首次明确提出"双基"的概念，到 20 世纪末，"双基"要求一直是核心的课程理论，"双基"强调基本知识和基本技能的课程理念。它影响深远，我们当今的教学课堂无不有它的影子。教育部颁发的《基础教育课程改革纲要（试行）》中提出，将"三维目标"作为国家课程标准，标志着新课程的开始。"三维目标"更加注重具有方法论意义的学习方式和学习能力，更加关注学生情感、态度、价值观这些品质的发展。"三维目标"强调知识与技能、过程与方法、情感态度与价值观在教学中是不可分割的一个整体，只是划分为三个维度来解释。"三维目标"体现了学生要全面和谐发展、个性发展和终身发展的理念。

目前，新课程改革效果并不是特别显著，"三维目标"虽然已经十分科学合理，但是表述比较笼统，实施起来难以落实，我国参考国外改革成果和本国课程改革经验，2016 年正式发布核心素养教育目标研究成果，该研究成果确定了核心素养结构框架。核心素养结构框架从学生未来的工作和生活层面规定了教学目标，它分为文化基础、自主发展、社会参与三大部分，更详细具体地体现了现代化素质教育的理念。

（二）"双基""三维目标""核心素养"的联系与区别

"双基""三维目标""核心素养"是一脉相承的。"双基"的提出与当时经济实力和生产状况息息相关，由于那时的工业还不是很发达，工业发展需要有知识有技能的人才，所以学生基本知识和基本技能的培养得到特别重视。后来经济相对发达，生产力达到一定水平，新兴职业涌现，只具备基本知识与基本技能的人才已经不能满足社会的需要，因此教育提倡注重过程与方法、情感态度与价值观的培养，注重人才综合素质的提升，以便人们能胜任各种职业。现在，在新的大环境下，"核心素养"这一教学目标出现，核心素养强调文理学科所具备的综合素养，还强调人在社会生活中所具备的人际交往能力、自学能力、实践能力、国际理解力等。核心素养是对学生应具备的素养全面而又详细的表述。总体来说，无论是"双基"，还是"三维目标"，或者是"核心素养"，都是教育对人才培养的要求，而人才培养的规格随时代发展而变化。

（三）核心素养的定义

核心素养主要是指为了实现终身发展和满足社会发展需要，学生应该具备的品格和关键能力。我国确定了核心素养结构框架，其以"全面发展的人"为核心，分为文化基础、自主发展、社会参与三大部分，这三大部分具体表现为人文底蕴、科学精神、学会学习、健康生活、责任担当、实践创新六大素养，这六大素养又进一步具体细化为十八个基本要点，然而这些要素并不是独立的，而是相互协调、相互促进、共同发展的。目前，我国正在根据这一总体框架，制定针对不同年龄段的学生核心素养内涵、具体的课程实施策略以及课程质量评价体系。

1. 人文底蕴

人文积淀：具有古今中外人文领域基础知识和成果的积累，能理解和掌握人文思想中所蕴含的认识方法和实践方法等。

人文情怀：具有以人为本的意识，尊重、维护人的尊严和价值；能关切人的生存、发展和幸福等。

2. 科学精神

理性思维：崇尚真知，能理解和掌握基本的科学原理方法；尊重事实和证据，有实证意识和严谨的求知态度；逻辑清晰，能运用科学的思维方式认识事物、解决问题、指导行为等。

批判质疑：具有问题意识；能独立思考、独立判断；思维缜密，能多角度、辩证地分析问题，做出选择和决定等。

勇于探究：具有好奇心和想象能力；能不畏困难，有坚持不懈的探索精神；能大胆尝试，积极寻求有效的问题解决方法等。

3. 学会学习

乐学善学：能正确认识和理解学习的价值，具有积极的学习态度和浓厚的学习兴趣；

能培养良好的学习习惯，掌握适合自身的学习方法；能自主学习且具有终身学习的意识和能力等。

4. 健康生活

勤于反思：具有对自己的学习状态进行审视的意识和习惯，善于总结经验；能够根据不同的情境和自身实际，选择或调整学习策略和方法等。

信息意识：能自觉、有效地获取、评估、鉴别实用信息；具有数字化生存能力，主动适应"互联网+"等社会信息化发展趋势；具有网络伦理道德与信息安全意识等。

珍爱生命：理解生命意义和人生价值；具有安全意识与自我保护能力；掌握适合自身的运用方法和技能，养成健康文明的行为习惯和生活方式等。

5. 责任担当

健全人格：具有积极的心理品质，自信自爱，坚韧乐观；具有自制力，能调节和管理自己的情绪，具有抗挫折能力等。

自我管理：能正确认识与评估自我，依据自身个性和潜质选择适合的发展方向，合理分配和使用时间与精力，具有达成目标的持续行动力等。

社会责任：自尊自律，文明礼貌，诚信友善，宽和待人；孝亲敬长，有感恩之心；热心公益和志愿服务，敬业奉献，具有团队意识和互助精神；能主动作为，履职尽责，对自我和他人负责；能明辨是非，具有规则与法治意识，积极履行公民义务，理性行使公民权利；崇尚自由平等，能维护社会公平正义；热爱并尊重自然，具有绿色生活方式和可持续发展理念及行动等。

6. 实践创新

国家认同：具有国家意识，了解国情历史，认同国民身份，能自觉捍卫国家主权、尊严和利益；具有文化自信，尊重中华民族的优秀文明成果等。

问题解决：善于发现问题和提出问题，有解决问题的兴趣和热情；能依据特定情境和具体条件，选择制订合理的解决方案；具有在复杂环境中行动的能力等。

技术运用：理解技术与人类文明的有机联系，具有学习掌握技术的兴趣和意愿；具有工程思维，能将创意和方案转化为有形物品或对已有物品进行改进与优化等。

（四）关于核心素养内涵的界定

1. 张华①、刘恩山②、余文森③等主张"要素说"

张华认为，核心的内涵是指普遍性，核心素养适用于一切情境和一切人的普遍素养。刘恩山认为核心素养是跨越学科的，强调对个体最有用的、各个学科均可以发展的素养。余文森认为核心素养是最基本且具有生长性的关键素养，好比高楼大厦的地基，它决定楼的高度。而且核心素养的生成具有关键期，错过了就很难弥补。

2. 李艺④和钟柏昌⑤等主张"层次说"

他们认为基础教育核心素养包含：双基指向、问题解决指向以及科学（广义）思维指向。双基指向是最底层的，以基础知识和基本技能为核心；问题解决指向为中间层面，以学生在解决问题过程中获得基本方法为目标；科学（广义）思维指向为最上层，以学生在各学科学习中形成的思考问题、解决问题的思维方法和价值观为目标。关于核心素养，上述学者大多认为核心素养是一种最基本、最普遍的素养，对个体的学习、身心发展以及社会发展等方面都能发挥基础性、关键性的作用。

3. 国际上关于核心素养内涵的认识

国际经济合作与发展组织关于核心素养提出了三个维度，分别是学生能够能动地使用工具，能在异质群体中互动，能自律自主地行动。欧盟认为核心素养主要涉及以下八个方面：母语、外语、学习能力、信息素养、数学与科学技术素养、公民与社会素养、创业精神及艺术素养。联合国教科文组织在题为"走向终身学习——每位儿童应该学什么"的报告中，提出了"身体健康、社会情绪、文化艺术、文字沟通、学习方法与认知、数字与数学以及科学与技术"七个维度的核心素养。美国制定的《"21世纪技能"框架》规定了

---

① 张华，杭州师范大学教育学院教授，教育科学研究院院长，浙江省一级学科重点学科教育学负责人。主要从事课程与教学论、教师教育、教育哲学研究。

② 刘恩山，男，北京人，1956年出生。北京师范大学生命科学学院教授、博士生导师。研究领域：生物学教育、科学教育。

③ 余文森，1963年7月出生，福建莆田人，博士、教授、博士生导师。教育部福建师范大学课程研究中心主任，福建师范大学教育学院院长、高考研究中心主任，兼任国家基础教育课程教材专家工作委员会委员，全国中小学教材审定委员会委员，教育部新课程教学专业支持工作项目组负责人。

④ 李艺，男，汉族，1956年6月生，山东省郯城县人。现为南京师范大学教授，教育技术学博士生导师，任南京师范大学教育科学学院副院长，江苏省教育技术教学实验中心主任，兼任全国中小学信息技术教材审查委员等职，还兼任国内十余所大学的兼职教授。

⑤ 钟柏昌（1978-），男，江西宜丰人，南京师范大学教育科学学院教授，博士生导师，南京师范大学青蓝工程优秀青年骨干教师，教育技术学博士，《高等学校教育技术学专业教育质量标准》研制组专家，《义务教育信息技术课程标准》研制组专家，中国教育技术协会信息技术教育专业委员会常务理事，全国中小学信息技术优质课展评活动和全国中小学信息技术课程教学案例大赛执行主管。

"学习与创新技能、信息媒体与技术技能、生活与职业技能"三项技能领域。加拿大魁北克地区认为核心素养包括认知素养、个人与社会素养、方法性素养以及沟通素养四项。在联合国教科文组织《发展教育的核心素养：来自一些国际和国家的经验和教训》一书中，核心素养的定义为使个体过上他想要的生活和使社会能够良好运行所需要的素养。从以上表述来看，各方都从自身国情出发，以时代需要、社会发展及人的全面发展为导向制定核心素养框架。

（五）关于核心素养的实践

国内关于核心素养的实践主要集中在课程改革方面。辛涛[①]等人认为，我国应该建立核心素养模型，在核心素养选择上应该注重一贯性、发展性和时代性；核心素养的构建应该征求相关者的建议；核心素养与教育改革发展的关系应该得到妥善处理。朱小蔓[②]提出，对于学生核心素养的发展来说，分科教学和课程整合应该齐头并进。国际上关于核心素养的实践不仅与课程改革相结合，还涉及与课程体系之间的关系、模式等。国际上关于核心素养实施的研究分三个层次：首先，实施核心素养需要国家层面给予支持和指导并制订相应的教育方针与政策。法国颁布了《共同基础法令》，将核心素养与课程目标结合，保障与规范了核心素养的实施。此外，还有芬兰颁布的《国家课程》、匈牙利颁布的《国家核心课程》，都对培养学生的核心素养提出了要求。其次，核心素养在课程设置上应该多样化。国际社会实施的核心素养课程形态中既有独立学科形式，又有学科课程形式，更有将核心素养贯穿于整个课程体系的形式。最后，应将传统性课程和现代化核心素养统一整合。

二、高中数学核心素养与"双基""四基"的关系

"双基"是使学生获得"现代科学的基础知识和基本技能"，"四基"是使学生掌握基础知识、基本技能、基本思想与基本活动经验。可以看出，"四基"包含了"双基"，并有所发展。笔者认为，培养学生的高中数学核心素养与培养学生的"双基""四基"的不同在于，"双基""四基"要求的是培养学生对数学基础的掌握，没有给出明确的培养目

---

① 辛涛（北京师范大学教授）男，教育部基础教育质量监测中心副主任，北京师范大学教授，北京师范大学教育统计与测量研究所所长。第三批国家"万人计划"哲学社会科学领军人才。

② 朱小蔓（1947年–2020年8月10日），女，中国共产党优秀党员，著名教育家、中国情感教育理论的奠基人和开拓者，南京师范大学原副校长、原中央教育科学研究所所长兼党委书记、联合国教科文组织国际农村教育研究与培训中心原主任、教育部人文社会科学重点研究基地南京师范大学道德教育研究所首任所长、中国陶行知研究会会长，北京师范大学教授、博士生导师。

标与方向，而高中数学核心素养六要素在"四基"的基础上明确了培养学生的方向与目标。而且"双基""四基"仍然没有摆脱知识本位的课程观，"双基"教学侧重于知识的积累，"四基"教学侧重于学生经验的积累，在教学过程中依然存在强调知识传授的倾向，注重课程标准重于内容标准，是重视结果的教学。高中数学核心素养的提出力图改变教育现状，变"课程育人"为"育人为本"，课堂从注重知识的传授到关注学生的个人发展，从以教师为主到以学生为主。数学核心素养的培养思考的是学习了数学之后，到底给学生留下了什么，对学生的成长有什么特殊的贡献。

"双基"以基础知识和基本技能为核心内容，要求学生基础知识扎实、基本技能熟练，但是慢慢地就"走偏"了，知识扎实全靠记忆，技能熟练全靠练习，这样得来的知识与技能来得快，丢失得也快。所以，核心素养的提出，就是要教给学生一些让他们终身受益并留下来的东西。"四基"的提出在"双基"的基础上添加了基本思想与基本活动经验。高中数学核心素养的六要素是对学生数学学习与运用掌握的高度与广度的一个拔高。比如，如果"双基""四基"是建筑高楼大厦所必需的基石，那么高中数学核心素养的六要素就是钢筋与水泥，使高楼大厦更坚固。基石决定了高楼大厦的稳固性，钢筋水泥决定了高楼大厦的高度。所以，高中数学核心素养与"双基""四基"是一脉相承、共同发展的。

三、高中数学核心素养与数学能力之间的关系

数学能力是指一种特殊的能力，是顺利完成数学学习活动、数学研究活动所必须具备且能够直接影响其活动效率的一种个性心理特征。它是指在学习、研究、发现数学知识和运用数学知识解决数学问题的活动中，同其他问题、符号、方法和证明结合起来的能力；也是在理解数学的（或类似的）课题时应用它们的能力。

在理论上，根据对数学核心素养与数学能力概念的分析，可以看出，数学核心素养与数学能力是有交叉关系的。关于数学核心素养的研究，有关学者还曾提出数学核心素养具有综合性、阶段性以及持久性的特点。综合性是指数学核心素养是数学核心知识、核心能力、数学思考与数学态度等的综合体现。由此可以看出，在内涵上，数学核心素养比数学能力的含义更广泛，数学能力属于数学核心素养的一部分。所以，数学核心素养是数学能力的拓展与延伸。

在实践上，数学能力既可以通过先天得来，也可以通过后天的培养形成。而数学核心素养是通过后天的培养形成的，它是通过教育者有意识地对教育进行规划、设计与培养，通过教师的教学、学生的学习以及在此期间教师长期对学生有意识地引导而使学生获得的。所以，数学核心素养的培养，并不妨碍学生数学能力的培养，二者是相互促进、相辅相成的。

四、高中数学核心素养与素质教育之间的关系

素质教育以全面提高个体的基本素质为目的，尊重个体的主体性和主动精神，以个人的性格为基础，注重开发个体的智慧潜能，以形成个体的健全个性为特征。

（一）从内涵上来说

对比素质教育与高中数学核心素养的内涵，不难发现，两者不仅不存在冲突，而且是相辅相成的。素质教育注重的是人整体基本素质的发展，是为个体未来做人与发展奠定基础的教育。高中数学核心素养的发展是要在继承素质教育的基础上，使个体整体基本素质发展得到进一步的深入。

（二）从实践上来说

素质教育以提高人的根本素质为目标，着重培养学生的创新精神和实践能力，旨在造就"四有"以及德、智、体、美、劳全面发展的社会主义事业建设者和接班人。高中数学核心素养旨在培养个体具有数学基本特征的思维品质和关键能力。在具体实践中，素质教育是培养学生全面发展，高中数学核心素养是针对数学学科特点进行培养，但并不是脱离素质教育来谈高中数学核心素养，而是在素质教育全面发展的基础上进行有针对性的深入与拓展。从培养方式上来说，二者均是需要通过后天的培养，以及通过教育机构与教育者有意识地对教育进行规划、设计与实施，再经由正规的课程教学，通过教师的教学、学生的学习以及在此期间教师对学生有意识地加以长期的教育引导，从而使学生得到整体提升的一种教育。所以二者并不存在培养与发展上的矛盾与冲突，相反它们是一种继承与拓展。

第二节 数学核心素养基本概述

一、数学学科核心素养的内涵

汉英双解词典中"素养"的释义是"平日的修养"，如果将这两个字进行拆分，"素"原本指"白色"，或"本来"，后来引申为"本来的，向来"。"养"的本义为"生活资料或基本费用的供给"，后来引申为"培育"，通过以上对"素养"一词的分析，可以看出"素养"是一个人平日里的基本修养，应该包括通过先天以及后天训练、实践而获得的技

巧或能力，具体包括个体的知识与技能、品德与观念、思想与方法等。总之，"素养"是一种应对社会所必须具有的各种能力的综合体，包含知识、技能、情感、态度和价值观。

个人在发展的过程中需要多种素养，进而可将素养分为一般素养和核心素养，而对于"核心素养"的理解，目前有两种比较有代表性的观点：第一种观点认为，核心素养就是基础素养，核心就是基础。比如，余文森①教授明确指出："核心素养是素养系统中具有基础性的成分，是人进一步成长的基础和可能，是人进一步成长的内核。"成尚荣研究员认为："所谓核心，指向事物本质，对事物全局起支撑性、引领性和持续促进发展的作用。"从这一角度来理解，他们认为核心素养之"核心"应当是基础，是起着奠基作用的品格和能力。第二种观点认为，核心素养就是人的全面发展，人的各方面得到充分的、自由的发展就是核心。按照官方的说法，核心就是全面贯彻党的教育方针，贯彻以德治国的根本任务，最终实现人的全面发展。例如，中国学生发展核心素养研究课题组的负责人在回答记者提问的过程中就指出："在价值定位方面，核心素养是党的教育方针的具体化，是连接宏观教育理念、培养目标与具体教育教学实践的中间环节。党的教育方针通过核心素养这一桥梁，可以转化为教育教学实践可用的、教育工作者易于理解的具体要求，明确学生应具备的必备品格和关键能力，从中观层面深入回答'立什么德、树什么人'的根本问题，引领课程改革和育人模式变革。"综合以上对核心素养的分析，笔者认为核心素养是人们普遍需要的能力和素养，不仅仅是着眼于当前发展所需要的能力和品质。"核心素养"是素养中最关键、最重要、最核心的部分，它是当代课程改革和发展的灵魂，它进一步诠释了教育应该培养"什么样的人"，具有前瞻性和整合性。

核心素养的培养必须依赖于各个学科的教学，所以学科核心素养是核心素养的延伸和落实，是指"在某学科知识和技能教学的过程中，体会该学科的思想和方法，从而形成必备的学科能力"。郝京华教授认为：学科核心素养是"核心素养"在特定学科（或特定学习领域）的具体化，是学生学习一门学科（或特定领域）之后所形成的具有学科特点的关键成就，是学科育人价值的集中体现，每个学科的核心素养也不尽相同。数学是逻辑性和应用性很强的学科，它对学生提出的要求是具有课程标准要求的数学学科核心素养。在数学新课程标准没有颁布之前，不同的学者对数学核心素养有着不同的看法。比如，马云

---

① 余文森，男，博士，教授，博士生导师，1963年7月出生于福建省莆田市。全国优秀教师，福建省高等学校教学名师，"新世纪百千万人才工程"国家级人选，福建省五一劳动奖章获得者，被评为有突出贡献的专家并获得国务院特殊津贴。民革第十三届中央委员会委员。

鹏[①]教授在论述数学核心素养时指出："数学素养是指个人为成为一个会关心、会思考的市民所需要具备的认识，以及理解数学在自然、社会生活中的地位和能力，做出数学判断的能力，参与数学活动的能力" 史宁中[②]教授认为，"数学核心素养就是会用数学的眼光观察世界，会用数学的思维思考世界，会用数学的语言表达世界。所谓数学的眼光，本质就是抽象，抽象使得数学具有一般性；所谓数学的思维，本质就是推理，推理使得数学具有严谨性；所谓数学的语言，主要是数学模型，模型使得数学的应用具有广泛性"。

数学学科核心素养是指学生在对数学学习的过程中，通过对数学知识和技能的理解与掌握，对思想和方法的积累与运用，能够在实际的问题情境中从数学的角度去分析问题、解决问题。数学核心素养的形成有利于促进学生的全面发展，所以数学教育的终极目标是：一个人学习了数学之后，即使以后不从事与数学相关的工作，或是在已经忘记数学知识的前提下，仍然能用数学的眼光去观察世界，用数学的思维去思考世界，用数学的语言去表达世界，能通过头脑中的逻辑思维和理性思维有条理、有目的地分析和解决生活与工作中的问题。

二、数学学科核心素养的要素

基于对数学学科核心素养的界定与分析，为了体现数学核心素养的育人功能，为了落实立德树人的任务，《普通高中数学课程标准》（2018 年）提出了数学学科的具体内涵，数学学科核心素养是数学课程目标的集中体现，是具有数学基本特征的思维品质、关键能力以及情感、态度和价值观的综合体现，是在数学学习和应用的过程中逐步形成及发展的。数学学科核心素养确定为数学抽象、逻辑推理、数学建模、直观想象、数学运算、数据分析六方面，这些数学学科核心素养既相对独立又相互交融，是一个有机的整体。

在数学抽象核心素养形成的过程中，要让学生体会从具体到抽象的这一过程是如何发生的，具体如何转变为抽象知识的，对数学的本质特征能够有一个概括性的认识和把握，逐步养成思考和分析问题的习惯，对其他学科和生活中遇到的问题都能分析到事物的本质。

逻辑推理是分析推理数学内部的联系与变化，这一素养的形成过程能促进学生从已知

---

① 马云鹏，吉林洮南人，东北师范大学教育科学学院教授，院长，博士生导师，中国教育学会课程专业委员会副主任，中国教育学会小学数学教学专业委员会副理事长，1999 年香港中文大学获博士学位，主要从事基础教育课程、小学数学教育领域的研究。

② 史宁中，东北师范大学前校长，党委常委。男，汉族，1950 年 4 月生，江苏南京人，中共党员，教授，博士生导师。第十、十一届全国人大代表，国务院学科评议组成员，第五届国家级教学名师，数学新课标修订组组长，中国教育学会副会长，教育部第五届科技委数理学部委员。

的条件推导出所要的结果，对数学知识之间的联系有清楚的认识，构建知识框架，有利于学生形成严谨的逻辑思维习惯，理性客观地对待周围的事物。

数学建模是指在数学抽象的基础上解决数学问题，可以使学生体会到数学与现实生活的联系，加深对数学知识的理解，尝试对于问题构建数学模型，运用数学知识求解数学模型，进而增强创新意识。

培养高中生直观想象的素养有助于提高学生的发散思维，从不同的角度分析并解决问题，提高学生的空间想象能力。

数据分析有利于学生从复杂的数据中提取处理有用信息，有利于提高学生用数据表达数学问题的意识，使其养成用数据思考问题的习惯，提高他们的数据分析能力。

数学运算素养的形成有利于进一步提高学生快速运算的能力，使其有效地去选择运算方法，不仅能够培养学生解决数学问题的能力，还有利于学生养成思考问题的习惯。利用数学运算不仅能促进数学思维的发展，更有利于学生养成科学、严谨的科学精神。

三、数学学科核心素养的特征

根据国内外对数学学科核心素养的研究，有国内学者总结了数学学科的三大特征：综合性、阶段性和持久性。

（一）综合性特征

高中数学学科核心素养集中体现了数学核心知识、数学能力、数学思想方法、数学文化、数学习惯和态度。学生在进行数学学习的过程中，除了要具备数学基础知识和基本能力外，更重要的是要学会用数学语言去描述问题，用数学眼光去看待问题，最后用数学思维去分析和解决问题。数学的核心素养依赖于数学的基本知识和数学的基本能力，其外在表现形式是用数学知识解决数学问题的数学素质和态度。

（二）阶段性特征

数学学科核心素养在每个阶段所表现出的水平不同。因为每个年龄阶段的学生心理和认知能力不同，对每个阶段的学生所要达到的数学核心素养的要求也不同，所以对于同一个数学问题，不同层次、不同年级的学生会有不同的分析和解决的方法。学生的思维水平和对问题的理解程度会因年龄及知识水平的不同而有所差异，所以在不同的阶段数学核心素养会有不同的表现。

（三）持久性特征

数学的核心素养是在学习和内化数学知识和技能后，形成未来生活中的关键能力和必要品质。每个人在以后的工作和生活中都会有意和无意地从数学的角度分析问题，用数学的思维去解决问题，这是数学学科核心素养的基本体现。数学核心素养不是即时性问题，而是一项持久性活动，在学生学习的过程中形成对学生终身有益的数学素养才是数学学习的终极目标。

四、数学学科核心素养内容的具体阐述

（一）直观想象素养

《普通高中数学课程标准（征求意见稿）》在课程目标中指出：直观想象素养是指借助几何直观和空间想象感知事物的形态与变化，利用几何图形理解和解决数学问题。它主要包括借助空间认识事物的位置关系、形态变化与运动规律；利用图形描述、分析数学问题；建立数与形的联系，构建数学问题的直观模型，探索解决问题的思路。就其学科价值而言，直观想象素养促进了数学问题的发现、提出，是探寻论证思路、开展逻辑推理、构建抽象结构的思维基础。就其教育价值而言，直观想象素养有助于学生将很多抽象晦涩的概念、公式、定理转化为直观、生动形象的图式，促进他们的理解和记忆。在本书中，也采用该定义来界定直观想象素养，直观想象素养不仅囊括了"数形结合"的几何直观，也蕴含了对事物的位置关系、形态变化与运动变化规律的空间想象，直观想象不等价于数形结合，不等价于几何直观，更不仅仅是空间想象，它是几何直观和空间想象的综合体，拥有其丰富的内涵和价值。

在《〈普通高中数学课程标准（修订稿）〉的意见征询——访谈张奠宙先生》一文中，张奠宙教授认为，几何直观与想象是建立数学直觉的基本途径。在数学教学活动中，重视直观想象素养的培养对学生养成运用图形和空间想象来思考问题的习惯大有裨益。

在何小亚[①]的《数学核心素养指标之反思》一文中，何小亚对六大数学核心素养的具体内涵进行逐条分析反思。就直观想象而言，他提出了两点反思：其一，为什么高中对空间观念的要求比初中更高，却反而不再强调；其二，为什么不把"化归"作为数学的核心

---

① 何小亚，男，教授，教育部"国培计划"专家库首批专家，全国数学教育研究会常务理事兼副秘书长，广东省中小学教师继续教育专家组成员。主要从事数学教学和数学高考的研究工作。参与完成国家级、省级教育科研项目6项，在国内外刊物上发表学术论文60余篇，出版或参与出版著作20部。

素养。并基于其反思，提出了数学核心素养框架。桂德怀、徐斌艳在其《数学素养内涵之探析》一文中对照和分析了数学素养用词的缘起、内涵发展过程及其框架结构，对数学素养框架的构建具有一定参考和借鉴意义。

胡云飞在《基于提升直观想象素养的立体几何法则课的设计与反思——以〈直线与平面垂直〉为例》一文中以立体几何初步中的"直线与平面垂直"课堂教学为例，详细阐述了基于提升学生直观想象的数学素养来建立的立体几何教学策略，指出在立体几何教学中要重视学生主体地位；重视直观感知，逐步形成空间观念；重视文字语言、图形语言和符号语言的理解；重视与平面图形知识的联系，突出化归的思想。

乔霁、高琳等在《超级画板对学生直观想象能力的培养探究》一文中，基于数学中的动点型问题、动态图形重叠面积问题及圆锥曲线问题，探究借助超级画板在几何直观方面的优势，培养学生直观想象能力的方法。方雅茹在其硕士论文《高中生数学素养培养的实践研究——以几何直观与想象素养为例》中提出了在数学结论和解题教学上需要重视几何模型，借助实物模型加强学生对数学结论几何意义的理解，善于运用多媒体技术等培养策略，以培养直观想象素养。

（二）推理与数学推理

"推理"是人们在学习、工作和日常生活中经常进行的一种思维活动，是逻辑学、心理学以及认识论研究的重要对象。逻辑学称推理为"思维形式"，心理学将其看作"思维过程"，认识论则认为推理是对人类抽象思维方面的"单纯模拟"。三种说法，选自不同的角度来刻画推理，可以相互借鉴与补充。关于"数学推理"，不言而喻，它是有逻辑的，对此，这里存在一个尴尬的问题：什么是有逻辑的推理？这一问题显然对数学教育以及哲学认识论都极为重要。对此，东北师范大学的史宁中教授在《试论数学推理过程的逻辑性——论什么是有逻辑的推理》一文中有所说明。在此，基于形式逻辑的角度来看，数学推理直接与命题有关。简单地说，在数学中，我们把对客观事物的情况有所肯定或否定的思维形式称为判断，并把表示判断的语句称为命题。而数学推理则是一种以一个或几个数学命题推出一个新命题的思维形式。在清楚数学推理概念的基础上，有必要了解数学推理的思维基础。一般而言，数学推理遵循形式逻辑中的三个最古老的定律，即同一律、矛盾律和排中律。

同一律：同一思维过程中每一思想的自身都有同一性，即每个概念都应当在同一的意义上使用，其公式为：A就是A。同一律即要求在同一思维过程中，每一思想要有确定的内容，不能亦此亦彼，必须保持自身的同一性和确定性。在进行推理时，若违反同一律，则会出现混淆概念或偷换概念、转移论题或偷换论题的错误，从而不能做出任何正确的判断。因不能正确理解同一律而出现错误的情况在数学学习中颇为常见。例如：平面几何中的三角形有锐角三角形、直角三角形、钝角三角形之分。学生在画图解题时，教师强调不能将题设中的一般 M 角形画成特殊的三角形，而有的同学就直接画成锐角三角形，其实锐角三角形也是一种特殊情况。其正确做法应为：题设中若要求是具体三角形的话，就按题设要求画图即可。若无说明，就对其进行分类讨论，即要分别讨论锐角三角形、直角三角形、钝角三角形三种情况。

矛盾律：同一对象，在同一时间内和同一关系下，不能具有两种互相矛盾的性质，或者说一个思维及其否定不能同时为真，其公式为：A 不是非 A。矛盾律要求一种思想不能自相矛盾，违反这一要求则出现自相矛盾的错误。

排中律：同一对象在同一时间和同一关系下，或者是具有某种性质或者是不具有某种性质，二者必居其一，不能有第三种情形。其公式是：或者是 A，或者是非 A。例如：判断一个数是否为有理数时，"这个数是有理数"和"这个数不是有理数"要选其一。

1. 推理的分类

关于推理分类的观点有很多，一般而言，按其结论的可信度，推理分为必真推理（演绎推理和完全归纳推理）和似真推理（类比推理和不完全归纳推理）两类。按其所表现出的思维的倾向性，主要有合情推理和演绎推理。其中，合情推理又分为归纳推理和类比推理。这里值得注意的是，合情推理与演绎推理联系紧密、相辅相成，合情推理的结论需要演绎推理的验证，而演绎推理的思路一般是通过合情推理获得的。不论按何种方式进行分类，每种推理都有其对应的推理方法，它们构成了分析、论证数学问题的基本工具。

2. 推理的方法

（1）归纳法

归纳是指通过对特例的分析去引出普通的结论。因此，归纳法是由特殊到一般的推理方法。归纳法按照研究的对象是否完全，分为完全归纳法与不完全归纳法。

①完全归纳法

完全归纳法是通过考察一类事物的全体对象，肯定它们都具有某一属性，从而做出该类事物都具有这一属性的一般性结论的归纳推理方法。它是一种严格的推理方法，由正确的前提必然能得到正确的结论，即所得的结论是可靠的，在数学中可以用来证明其他数学问题。

②不完全归纳法

不完全归纳法是考察一类事物的部分对象具有某一属性，从而做出该类事物都具有这一属性的一般性结论的归纳推理方法。需要注意的是，由于不完全归纳是由部分推广到全体，其前提和结论之间未必有必然的联系，故结论未必可靠，只能看作一个猜想，因此它不是一个严格的推理方法，不能作为一种数学证明方法。但是，它却是一种发明创造的方法。数学上的许多发现都是运用不完全归纳法得出某种猜想或定理，进而去证明判定它的真实性，如哥德巴赫猜想、欧拉公式等。此外，中学数学中的一些概念、公式以及定理，通过不完全归纳法引出，更适合学生的年龄和知识特点，在问题解决教学中也可引导学生探索发现解决问题的思路。以现行人教版普通高中课程标准实验教科书为基准，其中有许多知识都体现了归纳法的价值所在。

例如，数学必修5第一章的"正弦定理"即通过完全归纳法所得。首先，由直角三角形这一特殊情况入手，探究三角形的边角关系；其次，再分别讨论锐角三角形和钝角三角形的情况；最后，给出正弦定理。由于锐角、直角、钝角三角形构成了三角形的全部情况，所以这一探究过程采用的是完全归纳法。

（2）类比法

类比法是根据两个或两类事物在某些属性上相同或相似，推出它们在其他属性上也可能相同或相似的推理方法。简言之，类比推理是从特殊性前提推出特殊性结论的一种推理。

（3）演绎法

演绎法即演绎推理，是指从一般到特殊或个别的推理方法。只要前提可靠，用演绎法推得的结论就是完全可靠的，它是一种严格的推理方法。演绎推理的种类有很多，这里仅对数学中最为基础且应用较多的三段论演绎法进行简要介绍。所谓"三段论"，是指从某类事物的全称判断（大前提）和一个特称判断（小前提）得出一个新的、较小的全称或特称判断（结论）的推理。

3. 推理能力

根据心理学的理论研究，能力是人顺利完成某种活动所必须具备的心理特征之一。数学能力是一种特殊的能力，是顺利完成数学活动所具备的、直接影响其活动效率的个性心理特征，是在数学活动中形成和发展起来的。而推理能力是数学能力的一种，是数学能力的核心。推理能力的发展应贯穿整个数学学习过程。在数学活动中，推理能力主要体现在，运用合情推理去获得理解数学概念、公式、法则等知识或探究解决问题的方法，或者发现、得出猜想或结论，并用演绎推理对所得出的猜想结论加以检验、证明。

（三）数学抽象素养方面

近几年来数学核心素养的研究大部分是关于数学核心素养的整体观点和策略，对于其中特定的某个数学核心素养的具体研究相对较少。例如，史宁中在《学科核心素养的培养与教学——以数学学科核心素养的培养为例》中认为学生核心素养的培养最终要落实到学科核心素养的培养上，并提出将数学核心素养的培养落实到数学教学中，可以从数学抽象、逻辑推理和数学模型三个方面入手，其中数学抽象是从现实世界进入数学的内部，让学生学会"用数学的眼睛看"。章建跃在《树立课程意识落实核心素养》中提到："众所周知，概念教学是数学教学的重中之重，而得出数学概念的过程是最典型的数学抽象的过程。"并且在文中他以函数概念教学为例探讨"数学抽象"素养的落实问题，指出"着眼于发展数学抽象素养的函数概念教学，应该以学生熟悉的客观世界中的运动变化现象和已经学习的知识为基础构建问题情境，强调让学生亲身经历解决问题的抽象思维过程"。方厚良提出培养学生数学抽象的几点想法，其中一条就是"以数学核心概念形成终点，让学生学会数学抽象"。并且他指出："重视概念教学，提升概念教学水平，其中最切实的是抓数学核心概念形成的教学，选取学生熟悉的典型实例，提供丰富材料，让学生经历完整的数学抽象过程，熟悉数学抽象的'基本套路'，在概念形成的学习中学会数学抽象。"王华民在《对核心素养"数学抽象"的实践与认识》一文中主要分类论述了如何在概念课、习题课以及复习课中采取策略培养学生数学抽象的能力。

1. 抽象与数学抽象

"抽象"一词最早来自拉丁语中的"abstracio"一词，表示排除、抽取的意思。如今人们对于抽象主要有两种不同的理解：一种形容偏离人们的具体生活经历和理解，表示对象性质难以理解的程度；另一种说法认为抽象是一种思维活动，一般是指从具体事物对象中抽取本质属性或特征，不考虑事物对象所具有的其他方面的非本质属性和特性，把事物对象所需要的某一方面特性分离出来的思维活动和过程，由此可以看出抽象的过程是一个概括、分离和提取的过程。古往今来，无论是数学家还是哲学家，对于"数学在本质上研究的是抽象的东西"这句话都秉着赞同的想法。《辞海》中对于数学抽象的描述是："数学抽象是数学哲学的基本概念，指抽取出同类数学对象的共同的、本质的属性或特征，舍弃其他非本质的属性或特征的思维过程。"所以数量化、符号化、公式化和图形化是数学抽象的特点。

数学抽象的基本形式主要有两种：一是直观现实化抽象，在感性认识中，排除事物的一些性质从而得到我们需要的某些其他性质；二是概括直观化抽象，这种抽象不仅仅能够提取事物对象的一般的、本质的属性，还对题目做了相应的处理。关于数学抽象的方法，徐利治等认为在数学的创造工作中，数学抽象是一种重要的方法。对于数学抽象可以从数学的认识目的和抽象的程度等不同的角度进行分类，包括弱抽象、强抽象和广义抽象，并可用"数学抽象度"来反映抽象对象所具有的抽象层次性。

2. 数学的特征及数学抽象的作用

我们知道数学有众多特征，其中最主要的三大特征是高度抽象性、逻辑严密性和应用广泛性。数学学科的特点和研究对象的性质决定了数学抽象思维是数学思维的核心和基础，所以如何培养学生的数学抽象素养成了数学教育亟待解决的重要问题。在数学学习过程中，学生只有具备了一定的思维水平和抽象能力，才能透过事物的表象看到问题的本质，最终获得事物对象的本质特征和属性。这对学生来说不仅是一个获取知识的过程，也是一个探究发展的过程，对于学生所有学科的学习和自身的发展都有十分重要的作用和意义。

关于数学抽象，史宁中教授指出："真正的知识是感性的经验通过直观和抽象而得到的，并且这种抽象不能独立于人的思维而存在。"

在数学教学中培养学生的数学抽象素养，首先可以使学生更好地理解数学这门学科。通过数学抽象这一过程，教师可以让学生清晰体会到获得某一知识的基本过程，让学生了解数学知识的基本特点。其次，数学抽象可以让学生更好地掌握所要学习的数学知识。通过数学抽象，学生可以很好地理解那些复杂的公式和定理，真正明白它们的含义，并且能够知道这些公式和定理是怎么得来的。最后，数学抽象有利于学生思维的发展和提高。

3. 数学抽象素养

"数学抽象"居于六大核心素养的第一位，对于学生的数学学习和思维发展影响较大。史宁中教授认为，数学在本质上研究的是抽象的东西，数学的发展所依赖的最重要的基本思想也是抽象。数学抽象是指舍去事物的一切物理属性，得到数学研究对象的思维过程。主要分为两个方面：一是能从数量和图形的关系中抽象出数学概念及其概念间所具有的关系；二是能从事物的具体背景中抽象出规律和结构，并且能够用数学语言和数学符号进行表征。

数学抽象反映了数学的本质特征，是形成学生理性思维的基础。数学抽象作为数学最基本的思想过程之一，不仅仅在数学的产生过程中起了重大的作用，而且对于数学的发展和应用也有不可替代的价值，这使得数学成了高度概括、表达准确、结论一般、有序多级的系统。

数学核心素养是在新的历史时期发展素质教育的大环境下，为了适应时代的要求和学生的发展而提出的。教育部和有关研究人员正在抓紧研究不同学段数学核心素养的具体内容，制定核心素养的学科结构体系，促进课程改革和建设。《普通高中数学课程标准（修订稿）》，从课程宗旨、课程内容、教学活动和学生评价四个方面对核心素养的培养提出了具体要求。具体落实到"数学抽象"素养，《普通高中数学课程标准（修订稿）》中指出："在数学抽象核心素养的形成过程中，积累从具体到抽象的活动经验。学生能更好地理解数学概念、数学命题、数学方法及其体系，能通过抽象、概括去认识、理解、把握事物的数学本质。能逐渐养成一般性思考问题的习惯，能在其他学科的学习中主动运用数学抽象的思维方式解决问题。"

　　数学抽象思维过程作为众多数学思维中最基本、最重要的思维过程，无论是对于学生的日常生活还是对于学习发展，都有不可替代的作用和意义。在日常生活中，数学抽象能使学生从具体事物中抽象出本质特征，排除无关特征，得到所需要的信息。而在数学学习中，形成数学概念、证明数学命题和运用数学规律都不能缺少数学抽象的思维过程。数学核心素养彼此间相互独立，又相互交融，是一个有机的整体，如"数学建模"素养是在对现实问题进行数学抽象的基础上，建构模型解决问题的过程。所以要在教学过程中培养学生的数学素养，就要更加重视对学生进行处于六大核心素养第一位的数学抽象素养的培养，使学生掌握抽象的规律和方法，这对于学生将来的实际生活和数学学科的学习有着十分重要的作用与价值。

第三节　相关基础理论依据

一、培养数学学科核心素养的相关理论

（一）认知学习理论

　　认知主义的代表人物主要有布鲁纳，他的结构和发现学习理论认为学习是主要的认知过程，在学习过程中要重视人的主动性和独立性，要注重学习和掌握各门学科的基本结构。他强调说："不论我们教什么学科，务必使学生理解该学科的基本结构。"掌握了该学科的基本框架，学生认识所形成的抽象结构就能广泛适用，而数学核心素养的界定是培养学生适应社会生活的关键能力和必备品质，那么只有将数学核心素养进行迁移，才能认为一种素养真正形成，所以教学中教师要引领学生整体把握知识结构，促进学生对知识的迁移，有效培养学生的核心素养。另外，布鲁纳提出了强化对学习的重要性，所以在数学知识的学习中教师要让学生养成总结知识和方法的习惯，向学生渗透每一部分知识所用的数学思想方法，强调数学思想方法的应用，促进数学核心素养的形成。美国心理学家奥苏贝尔提出了有意义的学习理论，强调有意义的接受学习，他认为有意义的学习实质是以符号为代表的新观念与学生认知结构中原有的适当的观念建立实质性非人为的联系。他在教学中强调，有意义的接受学习必须向学生提出先行组织者材料，所以在高中数学教学时间紧、任务重的前提下，对于培养学生的数学核心素养来说，有意义的接受学习更接近数学教学常态。比如，学习了函数的定义和基本性质，接着再学习一些特殊的函数，如指数函

数、对数函数、三角函数，就可以类比函数的基本性质进行讲解，与学生原来掌握的基本函数的性质发生联系，建立完整的知识结构，这有利于加深学生对数学知识的领悟，促进知识的迁移，更有利于数学核心素养的形成。

（二）人本主义学习理论

人本学习理论是 20 世纪 60 年代在美国兴起的一个心理流派，它强调人潜能的激发，反对行为主义的机械化，又不赞成认知主义对学生的情感、态度和人生观培养的忽视。人本主义明确了教师的师生关系，教师应该充分信任学生能够发展自己的潜能，应该真诚地接受、理解学生，让学生自由地发表看法，为学生提供帮助，只有这样学生才能发生有意义的学习，才能促进学生各方面能力的培养。在人本主义理论的指引下，数学学科核心素养培养的教学过程中，首先应该培养学生学习的积极性和主动性，应该以学生为本，教师应将注意力集中在学生身上，思考学生在教学中应该达到什么目的、学生究竟想学什么、怎样培养学生数学素养才能使学生顺利地学习与成长。人本主义认为要努力把学生培养成为知识丰富、思想深刻、人性善良、品格正直、心灵自由的人。在教学过程中，教师要创设各种教学条件让学生的学习态度发生一定的转变，激发学生的学习动机，使学生有意愿、有需求地去学习，进而促进学生个性的发展、潜能的发挥，从而产生真正有效的学习，培养学生适应未来生活的关键能力和素养。

（三）建构主义学习理论

建构主义认为学习是学生在一定的环境下，以原有的知识经验和认知结构为基础，主动进行知识建构的过程。建构主义对当今的教学改革有重要的指导作用。建构主义学习理论的主要内容为建构主义知识观、建构主义学习观和建构主义学生观。建构主义认为知识是动态的，知识并不是问题的最终答案，而是随着人类的进步不断改正，并且会随之出现新的假设和解释，学习者会基于自己的经验背景进行理解并建构属于自己的知识。因此，每个学生对知识所建构的理解都是不同的。教师在培养学生的学科核心素养时，应更加注重学生的个性化特点，因材施教，并不是要对所有的学生都采取相同的教学方法，而是让每个学生都能够按照自己的知识经验建构出新的知识内容。建构主义在学习观上强调学习的主动建构性、社会互动性和情境性三个方面。所以在培养学生的数学素养时，应当引导学生将已有的知识和新获得的知识进行有意义的组织，建构自己的知识体系，教师要适当运用一些教学策略引导学生能够自主地完善自己的认知结构。建构主义学生观认为学习者在学习新信息、解决新问题时往往可以基于相关的经验，依靠其认知能力形成对问题的解释。学生是有意义的建构者，而不是外部刺激的被动接受者和被灌输的对象。因此，在教学过程中，除了传统的知识教学外，还应充分发挥学生的主体地位，强调学生的自主性和主动性，使其积极主动地发现、分析和解决学习过程中的问题。

（四）终身学习理论

20世纪60年代后提出的终身教育思想强调每个人在每个阶段都要接受教育。法国教育家保罗朗格朗最早系统论述了终身教育。他认为终身教育的核心是以时间为主线，将人所要接受的教育和训练贯穿于从出生到死亡的全过程。终身教育是适应科学知识的加速增长和人的持续发展要求而逐渐形成的一种教育思想和教育制度，包括各个年龄阶段的各种方式的教育。终身教育在学校教育中更加注重学生人格的养成、思想方法和能力的获得。对于教育过程，终身教育理论认为，教师和学生在教学过程中共同交流与进步。学生数学学科核心素养的培养具有持久性，而且数学核心素养对学生成长生活的各个阶段都具有至关重要的作用，贯穿学生的一生。因此，应树立终身教学的观念，加强学校、家庭和社会的联系，为学生创造安全和谐的外部环境。教师要为学生树立终身学习的榜样，让学生形成终身学习的意识，养成终身学习的习惯。

二、史宁中关于数学核心素养的见解

（一）数学核心素养理论方面

史宁中认为，数学教育的终极目标是让学生具有数学的眼光、数学的思维以及数学的语言。数学眼光即数学抽象，数学思维即逻辑推理，数学语言即数学建模。所以，他认为在高中数学核心素养的六个要素中，数学抽象、逻辑推理、数学建模尤为重要。

（二）数学核心素养实践方面

关于如何培养学生的数学核心素养，史宁中认为，数学教育应该继承和发展传统数学教育的"双基"和"四基"，数学核心素养与传统数学教育是相辅相成的。为了实现培养学生数学核心素养的教育目标，史宁中认为要遵循两个基本原则，一是要把握数学知识的本质；二是要设计并且实施合理的教学活动。在数学教学过程中，教师要通过设计并实施合理的教学活动，启发学生独立思考，并鼓励学生进行师生、生生之间的交流与互动，使学生掌握知识技能和理解知识的本质，并感悟数学知识中所蕴含的数学思想，从而发展数学思维和积累实践经验，在这个基础上潜移默化地使学生发展数学核心素养。

针对以上两个基本原则，史宁中给出了相应的教学设计。首先，教师要改变教学设计的思路，把具有逻辑联系的知识点融为一体进行整体设计，不仅要关注知识技能，还要认真思考数学的本质以及所体现出来的数学思想，进而达到培养学生数学核心素养的效果。其次，在设计与实施教学时要注重情境与问题。情境与问题的设计能够启发学生思考，合理的情境设计有助于学生感悟、理解、形成和发展数学核心素养。

三、王尚志关于数学核心素养的认识和理解

王尚志认为，数学核心素养的每一要素都具有独立性，但在数学的教学和学习中，更应该强调其整体性，它们是有机联系、相互渗透的整体。数学核心素养综合体现在个体对数学知识的理解、对数学技能方法的掌握、对数学思想的感悟以及对数学活动经验的积累和"发现与提出问题、分析与解决问题"的过程中。

（一）数学核心素养在数学课程体系中的体现

1. 高中数学课程结构应体现选择性

王尚志认为不同的学生有不同的发展，应该为他们提供多方面发展的机会。他认为课程应该分为必修课和选修课，选修课也应该有分类，分为选修课Ⅰ、选修课Ⅱ、选修课Ⅲ。又分为五类：一是理工类数学课程；二是经济、社会和部分理工类数学课程；三是人文类数学课程；四是艺术类数学课程；五是校本课程。其中，必修课和选修课Ⅰ为高考要求的内容，选修课Ⅱ为学生的发展和兴趣指引方向。

2. 高中数学内容结构应该体现数学核心素养的发展

王尚志认为，高中数学内容结构在体现数学核心素养方面，应该抓住贯穿高中数学始终的三条主线：一是函数及函数的应用、代数与几何、统计与概率；二是数学建模和数学探究；三是在高中数学课程中渗透数学文化。通过抓住这三条主线，在教学过程中让学生反复经受抽象、推理、模型和直观的体验，才能有效地提升和发展学生的数学核心素养。

3. 高中数学课程要突出数学本质

在对高中数学课程内容结构以及主线整体认识的基础上，要突出数学本质，对于支撑高中数学课程结构主线的关键问题以及重要概念、公理、模型、数学思想方法与数学应用等，需要深入地思考与研讨，从而层层递进地提升高中生的数学核心素养。

（二）在数学教学中对学生数学核心素养的培养

1. 教师在数学教学中要整体把握数学课程

在数学教学中培养学生的数学核心素养，对于数学课程的整体把握是基础。高中数学课程本身就是一个有机整体，教师对高中数学课程的性质与理念要有一个整体的认识与理解，对高中数学课程目标也要有整体把握，对高中数学核心素养要有整体感悟。从而，教

师要对高中数学教学内容进行整体设计与实施。

2. 教师在数学教学中要以"主题（单元）"为教学对象

教师对数学教学课程内容要有一个整体的纵览，可以把每一章作为一个单元，或者把数学课程中的重要主题作为一个单元，还可以把具有通性通法的数学知识作为一个单元。这既是对数学知识的一个深度学习，也是突出数学核心素养的一个途径。对于高中数学核心素养的培养，教师需要把握三个关注点：第一，发展学生发现问题、提出问题、解决问题的能力，这是被关注的教学重点；第二，注重在数学教学过程中创设合适的教学情境，这是另一个应该被关注的教学重点；第三，根据学生的实际情况来教学，即因材施教，教学生"会学"知识比教学生"学会"知识更重要。

3. 学生对于高中数学核心素养的学习

对于高中数学核心素养的学习，首先，要求学生具备广阔的视野和见识。在高中数学核心素养的学习中，学生要对数学有一个全面的认识与了解，包括数学的历史、发展以及数学对社会发展所起的作用。其次，教师要引导学生通过自主学习达到"会学"。学习数学必然是要多做题，但是"题海战术"已然被批得体无完肤。数学核心素养的培养，是要让学生以"做数学"代替"做题"，在问题—猜想—条件—方法这一过程中层层递进地提升学生的数学核心素养。最后，还需要学生能够积极主动地多参加数学建模和数学探究活动。同时还要学会交流，师生之间、生生之间的交流对于数学核心素养的学习也是至关重要的。

第二章 基于高中数学核心素养的导学案设计

第一节 基于核心素养的导学案设计理论根据

基于核心素养的导学案设计是实施导学案教学的出发点，它直接决定了导学案教学模式的高效与否，教师要在授课前做足充分的准备工作，包括做好学情分析、合理设置教学目标和规划好上课流程等。

一、什么是基于数学学科核心素养导学案

（一）基于核心素养的导学案含义

基于核心素养的导学案是教师根据课程标准、教材及学情（如心理特征、知识基础等），为指导学生进行自主学习和提高学生数学素养而编制的一种学习方案。它是教师帮助学生掌握教材知识内容、沟通教师的教和学生的学的纽带，同时也是帮助学生提高自主学习能力、建构知识能力的有效介质。

（二）基于学科核心素养的导学案与普通导学案的异同

普通导学案和基于学科核心素养的导学案，形似但内涵却有所不同，两者概念相关，后者在前者的基础上进一步发展。从产生的背景来看，普通导学案主要是新课程改革提倡学生主体教学方式下的产物，而基于学科核心素养的导学案则顺应新课程改革的主流，重在学生的自主与合作学习能力的培养，意在增强学生数学核心素养的培养。从内容上看，两者的服务对象都是高中生，但是着重点有所不同：基于核心素养的导学案意在指导学生学习以及培养学生能力，着眼于学生如何学，如何促进学生高效学习，目标明确而方法灵活，关注学生把在课堂上学习到的知识内化成自己的能力，即核心素养；普通导学案虽然提出以学生为主体，但是功能更多的是为教师教学服务，着眼学生掌握或理解教师所

"教"知识的情况，没有真正考虑到学生"学"到的知识是否内化成学生能力的问题，学生在课堂上更多的是探究出机械解题做题的方法。从作用来说，基于核心素养的导学案是学生学习的"行军图"，然而普通的导学案则是教师进行教学的蓝本。

基于学科核心素养的导学案与普通导学案都是由教师通过研读材料而编制的，但基于核心素养的导学案关注学生把从课堂上学到的知识内化为自己的能力，关注知识到能力的过渡。而普通导学案是教师为讲授学科新知识点来编写的，二者虽本源相同，但关注的目标有所不同，具体表现在以下五方面。

第一，部分普通导学案主要突出教什么内容和怎么教，在教师教的过程中，主要指导教师先讲解数学学科知识内容，过程中少有学生参与，导学案的功能便与教案基本一致。而基于核心素养的导学案则重在突出学生马上要学什么和怎样去学，这样使学生在学习的过程中不仅仅对教师所说知其然，还能知其所以然。

第二，基于学科核心素养的导学案是教师在钻研教材的基础上，在充分考虑学生现有的知识水平和认知能力的前提下，尊重学生的个体差异性，站在学生的位置上为学生制订的学案。基于核心素养的导学案引导学生按照教师所指引的方向进行学习，在自学后带着自己的问题走进课堂。普通导学案的编制主要强调教师所教授知识的内容和解题方法，缺少教师对学生的学法指导，没有充分为学生设身处地地考虑。所以，反观基于核心素养的导学案，更多地关注了学生学习方法的使用和指导，有助于学生融入课堂，提高学习效率，有利于激发学生学习数学的内在动力。

第三，基于核心素养的导学案使教师可以清楚地了解学生的学习能力和知识水平，即学情。教师可以通过做导学案完成课前调查，有助于反映学生的学习能力，方便教师了解学情，进而方便教师在课堂上突破教学的重难点，弥补学生学习的弱点。但是普通的导学案是教师自己独立地分析学情，再预设学习的方法和内容而制订的，严重脱离了学生这一主体，不易把控学生真实的学习过程。

第四，基于学科核心素养的导学案能够有效地诱导学生跟着导学案的内容进行学习，进而可以使学生了解设置导学案的意图和要学习的重点内容，大大提高了教学效率和学习效率。但是普通导学案的预设形成于教师自己的心中，学生不易了解教师的教学设计思路，从而易造成在课堂上学生都不知道教师在讲台上讲什么，更别提如何进行高效的学习活动了。

第五，关于设计时存在的问题，在普通导学案的基础上教师在讲课时虽然是按照预设的问题对全班同学进行了提问，但是能主动回答问题的也就那几张常见的面孔，他们便成了全班同学的依赖，学生参与度少，久而久之学生便养成了不爱独立思考的习惯。但是在基于核心素养的导学案的基础上教师在设计好问题后便分发给每位学生，为学生留了足够的时间和空间进行思考，从而导学案的指引作用得到了很好的发挥。正如前面所阐述的内容一样，基于核心素养的导学案是普通导学案的进一步发展和创新，教师根据学生的学情有层次地预设学生课堂学习的内容，培养学生的发散性思维和个性，有效地培养了学生善于独立思考的习惯和不断发现新问题并解决新问题的创新能力。

二、最近发展区理论

维果茨基认为学习者能自己独立完成学习任务的水平和在成人或同伴帮助下解决问题的水平之间的差距称为最近发展区。在实际发展水平和潜在发展水平之间，教师要重视学生发展的潜在发展水平。

三、先行组织者策略

有意义学习理论认为学生的已有知识经验是直接影响其学习的主要要素。所以教师在进行教学前应为学生提供一些具有概括性的学习材料，以学生能理解的方式表达。这样的学习材料就是"先行组织者"，其作用是为学习者创建新知识和旧知识的桥梁，以便新知识的学习。该理论启示教师：在教学过程中要充分考虑学生已有的知识和经验，为学生准备好预习的知识材料后再进一步讲解新的内容，要起到承上启下的作用。

四、学习动机理论

学习动机理论是指教师设置适当的教学情境，诱发学生向课程内容学习的动力倾向，让学习过程充满乐趣、学生充满求知欲，尤其是学生内部动机的激发十分有助于课堂的有效教学。数学导学案设计要能激起学生的学习兴趣，问题情境要新颖有趣，最好能引起学生学习兴趣或造成认知冲突，产生认知内驱力。

五、建构主义理论

建构主义认为学习的过程就是学生对知识的自我建构，教师为学生提供指导，帮助学生对所学知识进行意义建构。基于核心素养的导学案是帮助学生学习的辅助用具，可以诱导学生进行自主学习且系统地掌握和理解所学的知识内容。学生运用基于核心素养的导学案，可以有效地建构学科知识架构体系。此外，基于核心素养导学案着眼于学生合作探究以获得新知识，各个教学环节紧密相连，知识层层递进，是学生进行知识构建的有效载体，也为教师的教学和学生的学习搭建了合作的平台。

六、人本主义理论

人本主义教育把教育的目的归于能满足个体自我发展的要求，认为学生是不断发展中的人，教育教学活动都必须以学生为中心，包括教师和学校皆要为学生的终身发展而服务。学生具有无限发展的潜力，基于核心素养的导学案教学为学生创设了一个良好的学习环境，学生在学到需要的知识的同时，又可以将学习的新知识和已有知识联系起来。

基于核心素养的导学案内容需要注重问题设计的趣味性，可以将教学内容与时事政治或与学生已有的生活经验相结合，发掘对学生个人的成长有助益的教学情境问题，为学生的终身学习和发展助力。

第二节　基于核心素养的导学案设计工作

设计好基于核心素养的导学案是教师课堂教学的第一步，教师在课堂上要充分利用好导学案，它直接关系到学生课堂学习的效果。教师根据学情调查了解学生的认知水平，并依据课程标准要求，将课本中的知识内容设置成适当的教学情境，充分体现学生的主体地位，让基于核心素养的导学案更好地服务于学生课堂上的学习活动，使学生将所学知识转换为内在能力。

一、查阅有关导学案和数学学科核心素养的资料

首先，教师要实施基于核心素养的导学案教学模式，就必须要了解什么叫作导学案和核心素养。再接着明确如何编制导学案，在编制导学案时怎样合理预设教学流程，以及在教学过程中如何培养学生的数学核心素养等。所以基于核心素养的导学案设计准备工作要求教师要查阅有关导学案和数学学科核心素养的资料，做好基础知识准备工作。

二、了解学情

教师在授课前必须要了解学生的知识水平、自学能力以及对所学学科的学习兴趣等。根据学情分析，教师大致了解了学生的学习情况，再以此为根据设计有针对性的基于核心素养导学案的教学内容。再则，教师要仔细分析教材内容，包括知识点之间的联系和顺序等，运用螺旋式教学方式设计不同层次的教学情境问题，照顾学生的个体差异并做到因材施教。

三、梳理知识系统

在课前学生已经完成基于核心素养的导学案的自我学习，教师在审阅该导学案后对学生暴露的问题已有了初步了解，故课堂上教师可依据教学的重难点和学生难以理解的内容进行重点讲解，帮助学生厘清数学知识，进一步提升能力。高中数学教材逻辑性强、概念高度抽象，学生难以理解，但它仍是学生学习数学知识的主要材料。因此，在设计基于核心素养的导学案时，教师要灵活运用数学教材，厘清其中知识点之间的关联，当然必要时教师也可以根据学生学习的实际情况调整教学内容，以便适应学生的实际学习情况。

四、找准教学切入点

基于核心素养的导学案中情境创设是学生建构数学知识的纽带，有意义的教学情境问题有助于启发学生脑海中的知识经验，让学生自我建构知识并赋予新知识以某种含义，让学生运用原有知识经验同化新知识。基于核心素养的导学案在设计情境问题时，要注意寻找教材内容与实际生活的缝隙，找准教学切入点，使得教学过程一环紧扣一环，从而让学生对学习新知识充满兴趣，并形成内部永久的学习动力。形成持久的学习内部驱动力后，学生才会体会到数学学习过程中"山重水复疑无路，柳暗花明又一村"的乐趣所在。

第三节　基于核心素养的导学案设计原则、构成要素和模式

一、设计原则

（一）主体性原则

主体性原则是指教师设计基于核心素养的导学案时要凸显出学生的主体性，明确学生学习过程中的主体地位，并从学生的角度设计基于核心素养的导学案。它的设计和使用始终都是以学生为主体，并为学生服务的，要求教师将课堂充分让给学生，体现学生是学习中的主人翁。

（二）指导性原则

学生只有明白在即将展开的新课中自己要学些什么内容，才能更好地安排自己的计划，并组织好学习。要发挥好基于核心素养导学案的作用，教师就需要将明确的学习目

标、具体的学法指导和本课的重点难点等教学内容在导学案里统筹起来。

但是注重学生学习的主体地位不等于完全让学生自学，完全没有教师的指导。实际的教学中有很多环节需要教师，教师的作用是不可或缺的。比如：在讲解新知识时，教师要提供合理的情境问题，提供解决该问题的思考方向和方法，帮助学生结合生活的经验分析并解决问题等。

（三）分层性原则

根据最近发展区的理论来进行问题的设计，实施分层诱导。情境问题要照顾到每一位学生的特殊需求，使每一位学生都能得到进一步的发展和提升，做到个性化教学；基于核心素养的导学案设计难度应以中等难度为宜，对不同层次的学生分层设置教学情境，让每一个学生都能得到最大限度的进步，这样教师才能照顾所有学生的发展。

（四）问题情境化原则

教师创设的情境问题要具有驱动性，难度也要有适当性，方便学生接受，从而有效地激起学生的学习兴趣，让学生通过努力后是可以解决教师所提出的问题的。切忌让学生生搬硬套、死记硬背课本上的知识概念，所以教师的提问要设在关键处，让学生在解决问题后自身的能力得到增强、思维得到提升。

二、构成要素

基于核心素养的导学案主要有六部分，即核心内容主要有：学习目标、测验预习、新课探索、课堂检验、能力升华、当堂小结。当然，教师也可以根据实际的情况做适当的改变。

（一）学习目标

"学习目标"是教师根据课程标准的要求，建立在知识结构框架上，用来衡量学生知识掌握和理解程度而制定的，具体包括知识技能、过程方法、情感态度价值观三个维度。学习目标表述要清晰，观点明确且可测，能够检验学生学习成果。例如，"平面向量基本定理"一课的讲解学习目标可设置为以下三个维度：

知识技能：掌握平面向量基本定理及其含义；能用平面向量基本定理解决问题，培养抽象概括能力。

过程方法：利用几何画板软件，在"做"数学中经历知识的建构过程。了解平面向量基本定理的推导流程，感受从特殊到一般的数学思维模式。

情感、态度与价值观：树立数学与实际生活紧密相连的理念，养成探索求知的学习习惯。

（二）测验预习

"测验预习"意在检验学生的预习效果，有助于学生更好地学习新内容。教师在备课时，要把本课突出的重难点在基于数学核心素养的导学案里清晰明确地给学生展示出来，同时还要把重点难点明确地标注和清楚地描述出来。

（三）新课探索

"新课探索"是授课的核心部分，教师在设置基于高中数学核心素养的导学案中的合作探究部分时需要进行细致安排和设计，辅之以必要的指导点拨，帮助学生积极参与新课的探索。探索的过程有助于学生感受成功的喜悦和学习的乐趣所在。

（四）课堂检验

"课堂检验"是对课堂上教师讲授过的知识和内容进行巩固，精做练习题即可，切不可满堂练。在检验过程中教师要帮助学生进行知识点归纳和总结，突破本堂课的教学重难点，要注意在面向全体学生的同时也要关注学生的差异性。

（五）能力升华

"能力升华"主要针对不同的学生情况提升能力，一般包括两部分内容：自主探究和合作探索。学生通过自我归纳和总结来理解知识的形成过程，将所学的知识内化为自身的能力，进而提高自身的综合素质。小组的合作探索可以有效培养学生的团队协作能力，以及提高学习的效率，能有效达到共同进步的学习目标。

（六）当堂小结

"当堂小结"是为教师而设计的，教师总结整节课的学习内容，既有助于学生系统地掌握知识的结构，也有助于教师提高自身的教学水平，有效地促进教学相长。

第四节　典型数学课型的基于核心素养的导学案设计

在高中数学学科教学中主要有新讲课、温习课和评论课三种类型。无论哪种课型，基于核心素养的导学案都应该包含课程流程的基本环节，包括情境引入、讲解测评和总结归纳等，只是在实施的过程中教师的关注点不同，实施授课的方法也不尽相同。

一、基于核心素养的新讲课导学案设计

学生学习新的知识总是要历经知识的同化、顺应和再平衡三个阶段，情境问题的预设要运用维果茨基最近发展区的相关理论。新讲课导学案侧重新旧知识意义建构，要关注以下三方面。

（一）知识的意义构建的基础是学情分析

基于高中数学核心素养的新讲课导学案是以学习新知识为关键目标，在这个过程中学生将学到的新内容融入已有的知识体系当中，所以教师要提供适当的教学情境，了解学生的知识水平和认知能力，尽可能地让学生结合自己已有的知识经验有意义地建构新知识。

（二）掌握核心知识理解是关键

因为新讲课对学生而言是全新的，所以教师在讲授过程中要关注学生对新知识的掌握情况，以完成基于核心素养导学案的教学目标。数学教科书的表述充满抽象性，学生很难透彻理解，以致于造成浅层的理解甚至产生错误的观念。

（三）积极思考，升华思维

基于高中数学学科核心素养的导学案始终关注学生的终身发展，它是一种教学的资源也是知识的呈现方式。学生在学习高中数学课程后，开阔了视野，增强了数学洞察力和创新力，学到了智慧并提升了素养。

除此之外，教师还要做到在教学中时时刻刻紧扣高中数学课程标准的要求，尊重学生学习的主体地位，并积极地关注学生分析与解决问题能力的发展，关注学生将知识内化为自身能力的过程，从不同的视角和形式创设问题情境。

二、基于核心素养的温习课导学案设计

在不同的温习环节侧重点有差异，第一次温习关心知识的系统化，第二次温习则关注能力提升和方法点拨，第三次温习主要针对学生考试内容的全面锻炼。在实际设计的过程中还应当注意以下内容。

（一）整合知识并总结规律

很多教师在数学温习课中总是课本知识的贡献者，学生总是受赠者，教师给什么学生

就接受什么，在这种教学模式的前提下学生的学习主动性往往很差，学生缺乏参与感。基于核心素养的导学案放权给学生自己去把新旧知识串联起来，归纳知识点并从中发现疏漏，有助于学生再将知识系统化。

（二）着眼于考点提升能力

教师在吃透教材和充分解读了数学课程标准的条件下，主动地深入研究历年的高考问题，发掘每一年命题的特点，把握高考命题新趋势。并有针对性地将相类似的题目编入基于核心素养导学案的达标检验部分，以此来让学生感知高考命题的新规律，再加以强化，做到面对高考成竹在胸。

（三）立足于实践，开阔眼界

温习课导学案应关注学生创造性解决实际问题的能力，将数学知识运用于生活中，进一步培养学生的发散思维和创新思维。

三、基于核心素养的评论课导学案设计

评论课导学案的设计主要是学生考试测验后对学生学习情况的讲评和归纳总结。现在有很多的教学网站可以帮助教师分析试题的难易程度和学生的失误情况，为我们提供一定的参考。同时，在讲解中让学生主动发掘知识的缺漏并及时总结弥补。讲评课中教师要帮助学生进行正确的归因，改进学习方法，继续保持优秀的方面，让学生不要气馁、戒骄戒躁，进而培养学生学习的内部驱动力。基于核心素养的高中数学评论课型导学案设计要注意以下三个方面。

（一）精准掌控学情才能合理预设目标

教学目标是一堂课的出发点也是一堂课的归宿。教师要设计出好的评论课教学目标，必须在制定学习目标前分析试卷的情况，做到有针对性地提高学生的知识水平和能力。即恰当地运用统计网站统计出典型的失误之处，包括学生解答中的疏漏之处、有争议之处，分析有没有哪些题目的表述不恰当导致了学生的误判等。

（二）讲解错题集弥补知识缺漏

必要时教师可以让学生把测验中的错题再做一遍，换个角度发现失误的原因，从中得到启发并增强知识体系的牢固性。

（三）合理情境有助于衔接思维

评论课也要重视创设合理的情境，把学过的知识和测验中的失误知识点整合起来，完善答题思路和答题技巧等，依据试题归纳做题方法。

四、基于核心素养导学案的应用

教师精心设计好的基于核心素养的导学案凝聚着教师的智慧和心血，基于核心素养导学案能否充分发挥其"神奇功效"，重点在于教师在课堂上如何真正地利用好它。

（一）应用流程

基于核心素养的导学案使用流程主要有自主学习、合作学习和总结归纳等。高效课堂中的"三查五步"模式是现在使用较为广泛的，"三查"主要包括：一查，在学生自学时；二查，在组内展示时；三查，在整理导学案、达标测评时。同时，有自学、群学、组内展示、班级展示、达标检验五个步骤。

1. 自学

自学主要指的是学生自我预习，它是基于核心素养导学案应用的首要环节，好的自学可以帮助学生对新课的内容有大致的了解，有能力的学生在自学中就解决了部分简单的问题。在学生完成预习后教师应及时了解情况，这是教师进行的第一次学情调查。

2. 群学

群学即小组的合作学习，它的主要功能是通过小组探讨进一步解决自学时难以独自解决的问题。在实施群学时应当安排不同程度的学生构成一个小组，锻炼学生共同合作发现问题并解决问题的能力。

3. 组内展示

组内展示的是群学的成果，并提出组内尚未解答的问题，以便得到教师或其他组的帮助。教师针对学生呈现的问题进行适当的引导和点拨。这也是教师要进行的第二次学情分析。

4. 班级展示

班级展示主要是在各个小组之间进行，各个小组依次轮流展示，其他的小组则可以进行补充甚至质疑。该过程很好地培养了学生的团队精神和合作能力，但是也要求教师要严格把控，切莫让小组展示流于形式或效率低下。

5. 整理基于核心素养的导学案进行达标检验

班级的达标检验有助于学生了解自身的学习情况，帮助学生系统地梳理知识脉络；同时也便于教师分析不同层次的学生在学习中亟待解决的问题，尤其是要关注学困生的问题。这也是教师要进行的第三次学情分析。

（二）基于数学学科核心素养导学案的应用情况

基于核心素养的导学案在应用中有以下六个优点。

第一，自身方面：在知识呈现上，分类明确、知识点明确、讲解详细、核心内容更突出；在框架设计上，知识系统结构清晰，知识点更清晰，有方法指导。

第二，教学过程方面：在预习上，预习目标明确，更加高效；在落实基础方面，关注基础知识，及时巩固基础；在重难点落实上，提炼重点，详略得当，思维清晰；在学习方式上，便于学生自主学习，提高自我探索能力，加强合作交流；在个性化培养上，尊重个性差异，尊重以学生为主的教育理念。

第三，基于核心素养的导学案帮助学生找到自学方向，准确抓住学习重点，提高学习效率，同时培养了学生自学能力。

第四，基于核心素养的导学案有助于学生对知识进行全方位无死角的把握。

第五，基于核心素养的导学案承认学生自学能力的差异，为学生提供了先行组织者，适应不同个性的发展，犹如教师在旁指导一般。

第六，基于核心素养的导学案以自学与合作交流为主，设置了不同梯度、难度的问题，更好地做到能力较强的学生不轻松、能力较差的学生不困难。

第三章 高中生数学学科核心素养的培养

第一节　培养高中生数学抽象素养的教学策略

抽象是数学的一个本质特征，也是学生建构数学知识的一个必然过程。比如，由现实生活中的实际问题抽象出经络图，由力抽象出向量，由力的分解与合成抽象出向量的分解与合成等。数学抽象作为数学的基本思想之一，在学生的数学学习中具有举足轻重的作用。在培养高中生数学核心素养的过程中，要促使学生更好地理解数学知识，把握数学本质，以及逐渐养成用数学抽象的思维方式思考问题的习惯，并将其运用到其他学科的学习中。基于数学核心素养视角下的数学抽象，对于学生学习数学具有重要的意义。李尚志认为，抽象是最高的数学核心素养。

一、具体结合感性，感悟抽象内涵

（一）利用概念的过程性，发展学生的数学抽象能力

概念是从一般事物中抽象出的事物的本质特征和属性。所以，形成数学概念的过程，即对不同形式的数学关系进行抽象概括总结，最终抽象概括出一般性的一个过程。在数学概念教学中，大部分教师多选择概念同化教学模式，这种教学模式简洁、有效，并且教学过程简单明了，使学生可以直接获得数学概念。但是这种数学概念教学模式侧重于概念自身的逻辑关系，忽略数学概念所具有的现实背景以及与现实世界的联系，使数学概念的抽象性更高。在数学概念的教学过程中，教师应该注重将概念产生的背景、概念形成的过程与学生的实际生活相联系，回归到学生的现实生活中，让学生能够感受到数学概念的抽象性，至少让学生能够从具体事物的形象出发，这样学生可以更好地构建数学知识。

（二）联系概念产生的背景——以"等差数列概念"为例

在等差数列概念的教学中，教科书中给出在现实生活中经常遇到的四个数列模型，其

实就是给出了等差数列的现实背景，以此来让学生感受日常生活中等差数列的广泛应用。通过四个模型得到了四个数列，接下来教科书给学生一定的思考和探索的时间与空间，让他们通过自己的观察发现这四个数列都具有"相邻两项之差为同一个常数"的特点。

通过四个模型得到的四个数列如下：

（1）0，5，10，20，25，30。

（2）48，53，58，63，68。

（3）18，15.5，13，10.5，8，5.5。

（4）10072，10144，10216，10288，10360。

在教学过程中，教师要充分利用这四个实例，如果有必要可以再补充一些具体的实例，先引导学生逐一观察这四个数列，尝试抽象概括出它们的共同特点。要注意的是，一方面要引导学生观察相邻两项的关系；另一方面要结合对这四个数列的具体探索，让学生发现这四个数列都具有相邻两项之差为同一个常数的特点。最后让学生尝试用自己的语言描述等差数列的特征。

教师给出等差数列的定义，让学生检验自己抽象概括出的等差数列特点是否正确。至此，等差数列的概念，就从具体实例中抽象概括出来了。另外，教师可以让学生尝试用递推公式来描述等差数列的定义，即 $a_{n+1}-a_n=d(n=1，2，3，\cdots)$，为下面等差数列通项公式的教学做好铺垫。

（三）利用定理的过程性，发展学生的数学抽象能力

概念、定理等的讲解都比较抽象，教师可以先向学生展示大量生活中的具体实例，让学生先有一个直观的感受，再抽象出数学符号或者数学语言，这样学生接受起来就比较容易了。

数学学科的抽象性就导致了它必须将具体的形式呈现给学生为前提。数学内容的抽象性通常使得人们不容易注意到它们与具体内容之间的联系，所以在教学时教师务必要以翔实的具体内容为重中之重。高中生发展思维的能力正处于以经验型抽象思维为主慢慢向理论型抽象思维转换的阶段，逻辑思维能力还处于提高阶段中，接受能力不足，所以如果完全按照数学学科的精密逻辑性和缜密抽象性去进行教学收效甚微。因此，为了让学生更好地消化一些抽象的概念和命题，教师可以在教学过程中由具体实例启发，将直观具体和抽象感性的事物结合起来，罗列一些学生熟悉的例子。

在攻克数学抽象问题上，直观感性始终是第一要点。"数"与"形"是描述事物本质的两个重要方面，"数"往往抽象难懂且需要理性思维，"形"一般形象直观。正所谓"数缺形时少直观，形少数时难入微；数形结合百般好，隔离分家万事休"，在中学数学中

建立数与形之间的一一相对关系是解决问题的重要手段之一。通过"以形助数"或"以数解形"加上抽象思维与形象思维，能使复杂问题简单化、抽象问题具体化，然后达到优化解题途径的目标。史宁中先生将数学抽象划分为数量与数量关系的抽象、图形与图形关系的抽象以及虚拟与现实关系的抽象。

最后，欧拉给出"一笔画"图形的充要条件是奇点为 0 或 2 的连通图。在此，不再赘述"哥尼斯堡七桥问题"的最终答案，但欧拉的三步抽象，即用"数学抽象"的手段、"数学抽象"的思考解决现实问题，是值得后人感悟和学习的。

学生在知识与技能维度出现错误，多数是因为不会用所学知识构建知识体系框架。例如，公式记忆错误，已知每一行的规律就是联想不到数列，这些都是典型的前置知识没有消化的现象。数学抽象素养不是一朝一夕培养的，由于数学本身的抽象性和数学抽象的综合性，数学抽象在高中数学教材中的体现更是凤毛麟角，这就导致学生难以适应高中数学的抽象部分，没有办法在学习新知识的同时建立它与所学知识之间的联系。这时，教师应该加强引导，制造机会让学生在学习新知识前先巩固相关的前置知识。习题课便是一个很好的平台。教师在讲解前可先给出一道等比数列和解不等式的例题，让学生在经历了一次简单的知识复习之后再来看这道题，这样学生脑海中的图式会更易生成，学生也更能理解建立数列模型的作用。

二、注重观察、分析、类比等活动经验的积累

数学概念的掌握、数学法则的建立、数学规律的探索、数学定理的归纳、问题策略的提炼往往都需要学生经历完整的抽象活动。教师应该尽可能地引导学生进行观察、分析、类比、猜想、概括，这有助于学生思维的开阔和发散，有助于学生在综合的情境中去构建数学知识与现实世界的模型。观察、分析、类比有多种来源，可以结合具体的情境，可以结合图像，也可以在活动中进行。在具体的课堂教学中，教师可以多开展数学建模活动与数学探究活动，在数学活动中充分调动学生的积极性与自发性，让学生经历抽象的全过程，以培养其数学抽象素养。

三、结合其他数学素养，实现共同繁荣

高中生的认知结构已经进入形式运算阶段，思维发展到可以脱离具体内容和现实的影响，而达到抽象逻辑推理水平。因为数学各个核心素养之间相互交融，形成一个有机整体，所以在培养数学抽象素养的同时结合其他数学素养，会产生事半功倍的效果。

（一）数学抽象与数学建模

数学建模就是对现实问题进行数学抽象，用数学语言表达问题，用数学知识与方法建构模型解决问题。通俗来说，就是选取并使用一定的模型对客观现实对象进行分析处理的过程。关于模型，弗赖登塔尔指出："模型是一个对象的表述性和规定性的体现，人们可以通过具体的模型获得抽象的感性认知。"所谓数学模型，也是这样的一种对事物某种特性的体现，只不过在其建构过程中使用更多的是数学的语言和方法，对现实问题的抽象与简化也更多表现在量的关系上。虽然数学模型只是实际对象的一种近似反映，并且这种反映只能体现在一些数量关系上，但正是这种反映实现了由现实问题向数学问题的转换，为相关数学工具的运用以及实际问题的深化奠定了坚实的基础，所以数学抽象可以被看作数学建模的前提。要想培养高中生的数学抽象素养，从重要的模型入手不失为一个好方法。数学抽象素养在函数教学中的培养离不开从重要函数模型入手，加强重要函数模型中相关问题的理解和运用，从而提高其抽象素养。

（二）数学抽象与数学推理

数学抽象与数学的逻辑思考能力之间有着密切的关联，如果一个人不具有清晰的逻辑是不可能具备抽象思考能力的，但数学的抽象思考概念又与直观逻辑思维观念有着明显区别。推理包括推理证明和数、式的演算，而这些形式化的过程与数学抽象密不可分。数学的发展往往是从现实中抽象出最基本的公理体系，按照逻辑推理、演绎证明逐步建立起数学大厦，如欧几里得几何学体现了严密的逻辑思维过程，哥德巴赫猜想、同色三角形问题都是抽象思维的成功典范。教师可将数学文化与数学故事多融入课堂教学，让学生在学习知识的同时感悟数学的意义。

（三）数学抽象与数学概括

"概括"是指从某类个别对象中抽取出共同的属性，推广到该类一般化对象，最后形成普遍认识的一种逻辑方法。"概括"是人类思想经验的应用产物，是一种方法、活动和能力。基于数学学科的概括通常是通过减少概念的内涵来扩大概念的外延，由特殊推广到一般，由种概念到属概念，从而建立起数学知识框架的一种思维过程。由此可见，数学抽象与数学概括是有交集的。典型例子是数系的扩充：从自然数、整数、有理数到实数再到复数。每一次的扩充既要包含原来的数集，又要保持原有的运算规律和序的性质。数学概括与数学抽象往往被放在一起阐述，叫作抽象概括，尤其是在教育家谈及数学思维（思维方法、思维过程、思维能力）的时候。虽然数学概括没有作为一种素养被单独提出，但现行的高中数学课程标准也明确指出要提高数学抽象概括能力，可见数学概括是很重要的，并且它与数学抽象是相联系的。课堂上，学生需要将新的情境和问题与已学知识相联系，将实际问题抽象成数学问题然后进行解答。在这个过程中，学生的抽象概括能力可以得到充分锻炼。教师在实践中可以多采用变式教学和探究性问题来培养学生的抽象概括能力，从而使学生的数学抽象素养也得到提升。

综上所述，每一种素养的形成其实和数学抽象素养的发展是同步的，在注重数学抽象能力的同时需要关注其他数学素养的形成。

（四）基于数学抽象素养的高中教学设计

教学设计是指教师为达成一定的教学目标，对教学活动进行系统规划的一门设计科学，是在课前对教学过程做的准备工作的设计规划。基于数学抽象素养的教学设计致力于解决教什么、怎样教的问题，就横向来看，学生的数学抽象是需要某个目标作为导向的，目标如何来？教师创设恰当的情境，使学生感知和识别对象的外部属性，然后把这种具有不变性的要素属性分离出来，构建具备某种属性的模型，实现对象的分离和纯化，突出本质特征；在此基础上把这种分离出来的属性一般化为某一类或特殊化成某一种，用数学符号和数学语言予以表征；与此同时，教师将学生自主表征出的概念或定理规范化，进行归纳总结，使学生进行意义建构；最后，在教师的指导下，学生用逻辑方法建立知识之间的联系，达到抽象出属性的目的，形成数学系统。以平面向量概念的抽象为例，首先教师给出情境：人的重力是垂直于水平面的，那么这种量具有什么特点？学生感知情境，识别到与物理中的矢量类似，并分离出其本质特征——具有方向的线段；接着把箭头抽象成为一点，可以发现这种量既有线段长度，又有方向，突出了本质；把线段长抽象为一点，则该量长度为 0；保证两个线段长度相同，方向相同，则二者平行……学生给出定义和表征，教师在此基础上归纳总结，给出平面向量既有方向又有大小的概念，并用数学符号 a 将其简约化。同时，也可以用起点指向终点的方法表示为；最后，学生梳理整合平面向量的概念及其相关性质，教师在此基础上进行变式训练，促进学生用逻辑推理得到相关知识体系。

第二节　培养高中生数学直观想象素养的教学策略

《普通高中数学课程标准（征求意见稿）》中指出，直观想象素养是借助空间想象感知事物的形态与变化。即直观想象素养是基于直观所获得的感性认识而展开想象，其中想象是对客观事物几何形式的抽象思维活动。直观想象是高中数学核心素养六要素之一，在培养高中生直观想象核心素养的过程中要培养学生几何直观以及空间想象能力，增强学生运用图形和空间想象思考问题的意识，逐步提升学生的数形结合能力，以及感悟事物本质的能力，培养学生的创新思维。

一、注重应用情境创设，关注学习信心的建立

在"向量与几何"知识的学习中，向量工具的"双重性"、立体几何的空间抽象性、解析几何的运算繁杂性……无不让许多学生望而生畏，学生在学习过程中常常感觉接受难度大，失去解决问题的信心与勇气。

以平面解析几何为例，解析几何是渗透数形结合思想的主要模块，其中圆锥曲线更是揭示几何直观的重要知识载体，然而由于应试教育的影响，圆锥曲线在实际教学过程中往往沦为题海战术的"主战场"，再加上大量繁杂的运算，圆锥曲线也成为学生丧失学习信心的"重灾区"。学生在该部分普遍失分较多，测试后学生的反馈也反映出学生在解决解析几何问题上普遍有畏难情绪。

弗赖登塔尔说："数学来源于现实，必须扎根于现实，并且应用于现实。"题海战术往往造成学生只会"纸上谈兵"，将知识与生活实际相互割裂，失去学习数学的兴趣与信心，因此教师在教学中要关注学生学习信心的建立，注重创设知识的应用情境。

例如，对于圆锥曲线中椭圆的教学，需要注重其应用价值，可以以著名的"西西里岛窃听者的故事"引入，揭示椭圆中的光学性质：从椭圆的一个焦点发出的声波，经椭圆反射后都汇集到另一个焦点。由此激发学生对椭圆焦点、法线等位置关系的好奇及兴趣，引导学生感受圆锥曲线中的无限乐趣与奥秘，体会椭圆中的几何直观，感受椭圆在实际生活中的应用，克服谈"圆锥"色变的畏难心理，引导学生学会"用数学的眼光观察世界"。

二、注重信息技术的运用，深化概念本质的理解

数学概念是构建数学大厦的基石，理解概念的本质是正确思维的重要保证，不同于函数知识中的许多过程性概念，在"向量与几何"知识中，许多概念皆是图形概念与关系概念。例如，空间中柱、锥、台、球等几何体的图形概念，点与线、线与面、面与面等位置关系的关系概念。对于这些概念的理解无不伴随着几何图式，一方面这些图式的直观表象有助于学生理解与记忆相关概念；另一方面若表象失真则往往造成学生对概念一知半解、似懂非懂，甚至混淆概念。部分学生由于对空间直线与平面夹角的概念理解产生偏差而失分，这也在一定程度上反映了学生利用直观想象理解概念的能力较为欠缺。

对于概念的理解，重点在于对其本质的理解。对于"向量与几何"知识中大量的图形

概念，教师在教学过程中更要关注学生"空间感知—空间表象—空间想象"这一过程的建立。在"互联网+"时代，教师可通过现代信息技术（如几何画板）的使用，积极创设条件，促进学生在直观感知的基础上深化对概念本质的理解。

例如，在立体几何中"直线与平面的夹角"的学习是促进学生空间想象力发展的一个重要知识载体，然而对其概念"斜线和它在平面上的射影的夹角称为斜线和平面的夹角"的理解，学生往往会产生错误的图形表象而存在偏颇。鉴于此，教师在教学过程中可借助几何画板等信息技术的应用，帮助学生从竖直平面、水平平面、倾斜平面等不同角度动态地认识直线与平面的夹角，通过动态的过程演示静态抽象的夹角概念，化静为动，深化学生对直线与平面的夹角这一空间位置的理解。

这样学生对直线与平面的夹角的概念就有了较为深刻的理解，在此基础上，教师还可以进一步引导学生思考：过斜线上一点的直线在平面 a 内的射影有几种情况？两条平行直线在同一个平面内的射影可能是哪些图形？两条异面直线在一个平面的射影的可能情况是什么？通过构造问题串发散学生的思维，激发学生的学习兴趣，并给予学生充裕的时间用数学语言讨论交流。最后，综合学生的交流讨论过程。教师可借助几何画板给出总结，深化学生对射影以及线面夹角概念本质的理解，引导学生会"用数学的思维分析世界"。

三、注重数学语言互译，加强数形结合思想的渗透

建立数与形的联系是直观想象素养的重要组成部分，数形结合思想渗透于"向量与几何"知识的各个领域，如向量线性运算的几何意义与代数意义的对应、空间向量与立体几何中数与形的对应、解析几何中曲线与方程的对应，无不蕴含着数形结合的思想。

数形结合思想本质上是代数表示与图形表示的相互转化，即数学语言之间的转换。数学语言是数学思维的重要载体，它包括符号语言、文字语言以及图形语言，这三种语言以不同形态表征同一个知识内容，在数学学习过程中，这三种语言相互对应，共同促进学生对于数学的理解，提高"翻译"三种语言的能力是提高数形结合能力的前提保证。

鉴于此，教师在教学过程中，应注重培养学生三种语言互译的能力，引导学生全面地认识形与数之间的对应，由几何直观揭示代数性质，由代数表示几何图形的结构特征。

例如，学习立体几何核心定理之一的三垂线定理时，如何把握垂线、射影、直线三者的关系一直是困扰学生的知识难点，因此教师在教学过程中可引导学生用不同数学语言来表征定理中所涉及的四条直线与一个平面的关系，从而加强学生对数形结合思想的渗透。

通过熟练转化语言，结合三垂线定理的逆定理，直观感知三垂线中一个平面、三个垂直关系以及四条直线之间的关系，并内化为数学语言与图形表象，从而促进学生透彻理解三垂线定理。希尔伯特说："算术记号是写下来的图形，几何图形是画下来的公式。"因

此，在教学过程中，教师要关注学生"由图读数"和"为数配图"能力的培养，强化学生数学语言互译的训练，加强数形结合思想的渗透，由此构建数与形的联系，进而提升学生的直观想象素养。

四、注重实物模型演示，增进空间想象能力的发展

空间想象能力是直观想象素养的重要组成部分，空间想象能力的培养是学生直观想象素养水平提升的前提保障。空间想象力是人们的抽象思维品质，而众所周知的是，形象化的实物模型对于抽象的几何概念的学习有着举足轻重的作用。因此，在教学过程中，教师要注重借助实物模型，促进学生对空间几何体的认识，历经直观感知—直观表象—直观想象的过程，从而发展学生的空间想象能力。

对于三视图的教学，首先，教师可通过"猜谜游戏"，即教师准备一个简单几何体的实物模型，并用纸遮挡起来，依次给出几何体的正视图、侧视图、俯视图，引导学生猜出该几何体的名称，激发学生的求知欲；其次，教师可通过构建长方体模型，根据三种不同的投影视角引出三视图的定义，并引导学生观察不规则图形，做出其三视图，促进学生从三维到二维空间想象能力的培养；再次，将简单几何体的三视图通过变换放置方式的形式，引导学生想象其直观图，培养学生从二维到三维的空间想象能力；最后，引导学生联系生活实际，动手制作生活中实物的几何体模型，并画出该组合体的三视图。学生通过从实物模型中抽象出空间几何图形，进一步将高维立体图形转化为低维：视图，这一过程增进了学生空间想象能力和数学抽象能力的发展，由此促进学生直观想象素养的发展。

五、注重数学表达训练，促进数学交流能力的培养

培养学生的数学素养，不仅仅停留于知识与技能的培养，更需要注重学生表达与交流能力的培养，学生形成会"看数学"、会"读数学"、会"写数学"和会"讨论数学"的能力对于学生数学素养的提升是至关重要的。通过表达与交流，学生加深对数学的认识与理解，丰富认知的外延，感悟数学语言的简洁美。因此，在教学过程中，教师要给予学生充分表达自己的机会，注重学生规范化数学表达的训练。

例如，在平面向量概念教学中，由于平面向量是抽象的自由向量，所以教师首先应充分调动学生的主观能动性，通过物理的力、速度等具体模型引出向量概念，引导学生用规范化的数学语言表达向量的几何意义与代数意义；其次，基于向量的物理意义，教师应引导学生进行建模活动，运用数学语言，表述建模过程中的问题以及问题解决的过程与结果，形成研究报告，并进行交流；最后，组织学生收集向量的发展史，撰写关于"向量及其符号"小论文，将数学文化融入数学知识中，丰富学生对于向量内涵的理解与认识。通

过一系列数学表达的规范化训练，促进学生数学交流能力的培养，引导学生会"用数学的语言表达世界"。

第三节　培养高中生数学推理能力素养的教学策略

一、高中生数学推理能力培养的建议

针对如何有效培养高中生的数学推理能力，已有很多学者进行了深入而广泛的研究，并提出了许多行之有效的策略。这里，基于这些研究，并结合前人的研究成果，分析发现影响高中生数学推理能力发展的原因是多方面的，因此对高中生数学推理能力的培养也应从多个方面进行考虑。在此本书为高中生数学推理能力的培养提几点建议，以供教学参考。

（一）注重学生身心发展，遵循循序渐进原则

学习过程是一系列复杂的身心内部加工过程，学习结果是身心状态的积极转变。为了使学生快乐学习、全面发展，教师可做如下工作。

第一，加强对心理学、教育学等知识的学习，站在学生的心理需求上，考虑学生的年龄特征来合理组织教学，降低学生的畏难情绪，使之较快理解并接受所学知识，从而提高学生的数学学习能力。

例如，在讲解"一元二次不等式及其解法"这一内容时，教师可从较为简单且学生更为熟悉的一元一次不等式进行导入，在学生理清一次函数的图像、一元一次方程与一元一次不等式之间的联系的基础上，再将问题引申到一元二次不等式上，并引导学生将两者进行类比，探讨二次函数的图像、一元二次方程以及一元二次不等式之间存在哪些联系，进而使学生轻松快乐地理解并掌握"一元二次不等式及其解法"这部分内容。

第二，数学的研究对象是具有高度抽象性的数和形，数学学习中所涉及的基本概念、定义、定理等往往也比较抽象，学生对它们的理解一般是逐步加深的，不能一蹴而就。同样，学生的数学学习能力，尤其是推理能力也不是与生俱来的，是需要长期培养并逐步提高的。为此，教师在教学中应充分考虑数学学科的特点以及学生的基本情况，重视学生学习的过程，不断激励学生学习，鼓励学生猜想，提高其学习兴趣，增强自信。

第三，加强学生的心理疏导工作，使学生积极面对现有学习状态，并对学生的行为与表现给予适当评价与指导，尤其是对学生的良好表现或行为要给予及时的肯定与褒奖。

（二）合理使用数学教材，充分发挥教材功能

数学教材是数学基础知识的载体，在教学实践中，为更好地培养学生的数学推理能力，教师以及学生有必要在教材上多下功夫，通过对数学教材内容的挖掘来找到培养数学推理能力的切入点，充分发挥数学教材的功能。对此，有以下四方面是值得注意的。

第一，教师应引导学生养成阅读数学教材的习惯，通过阅读挖掘课本中的隐含知识，并提醒学生注意教材中数学符号的规范使用，培养和提高学生的文字表达能力。

第二，教师与学生一起分析研究教材中的主要例题，抓住课本例题的本质，加深学生对基础概念、公式、定理的理解，培养学生发现问题、解决问题的能力。

第三，教师定期对所讲知识进行深入浅出的归纳，使学生更为深刻地理解所学知识，提高推理能力。例如，在讲解完三角函数这部分知识后，对所讲知识点及其之间的联系、思想方法、解题规律以及注意事项等进行系统归纳。

第四，充分挖掘并领悟教材中所涉及的推理方法，真正理解数学推理，以便提高数学推理能力。例如：对于"平面向量的线性运算"可通过联想类比"数的运算"得出相应结论，然后再对其进行证明，判断是否成立。

（三）合理把握课堂教学，引导学生积极思考

"教会年轻人思考"是波利亚长期坚定的信念。据此，教师在课堂教学中应正确引导学生积极思考，培养学生有益的思维方式和习惯，帮助学生形成必备品格和关键能力。有以下五点可做参考。

第一，数学教师除了要教给学生一定的数学知识外，还应当教会学生如何思考，锻炼学生的创造性思维，培养学生良好的思维习惯，为学生的可持续发展和终身学习创造条件、做好准备。

第二，注重启发式教学，力图让学生形成初步认识—探索—猜想—证明的思维习惯。并有意识地增加课堂提问概率，且要根据学生的学习程度来分层次地提问，观察课堂上学生的表现，针对学生可能出现的问题和错误，及时进行正确的引导与剖析。如此安排课堂教学，一方面可以使学生真正理解数学知识，抓住问题本质，再遇到类似的问题时就会明白如何进行推理解答；另一方面可以使学生养成良好的学习习惯——善于反思、体验过程、领悟规律，从而有利于学生的反思、概括、推理以及表达能力的培养，提高学生学习数学的自信心。

第三，在课堂教学过程中，教师要给学生树立好榜样，在讲解知识时要做到思路清晰，逻辑严谨，无形中培养学生思考缜密、言之有据的良好习惯。

第四，针对数学推理模块内容的教学，一方面，教师应将重心放在学生推理思维的养成上，而不是仅仅强调推理书写形式的训练，并在解决问题的表述上逐渐要求"步骤完整，理由充足"。另一方面，针对学生解题过程中出现的逻辑错误，教师必须及时纠正。长此以往，学生会逐渐养成严谨思考和严谨推理的习惯，终身受益。

第五，教师在讲授新课时，有必要先引导学生回忆已学知识，使学生能够在已学知识的基础上猜测新知识的内容、结构、研究方法等，进而激发学生的学习热情，提高学生学习的积极性。例如，在讲"概率的基本性质"这部分内容时，教师先带领学生回顾集合的相关知识，搭建新旧知识之间的桥梁，寻找两者之间的联系，进而可使学生更好地理解、掌握概率的基本性质。这样的类比教学过程，不仅能够激发学生的学习热情，使学生能想、敢想，提高自信心，同时还可加深学生对新旧知识的记忆，使其真正理解知识内涵，对学生数学推理能力的培养也是十分有利的。

总之，在教学中教师要深刻把握人才培养要求，把握教学的深度和广度，重视学生逻辑推理能力的培养，从而更好地实现教与考的对接协调，方便教、方便学、方便考。

（四）加强数学解题研究，提高学生解题效率

在数学解题过程中，若各步推理都有充分的依据，又遵守相应的逻辑规则，那么题解必定正确。对此，为培养学生的数学推理能力，提高学生的解题正确率，教师应做到以下四点。

第一，加强对课标、考纲、教材及历年高考试题的研究，在指导学生进行解题练习时尽量避开题海战术，通过研究总结明确高考试题的出题方向，了解出题意向，明白所要考查的知识内容，善于进行归类分析。

第二，留心关注高考对核心素养的考查，特别是逻辑推理能力的相关试题，在对学生的日常作业和课堂练习题的编排上紧抓创新性，尽可能保证试题少而精，这对教师教学效率以及学生学习效率的提高有很大的帮助。

第三，无形中给学生进行思想灌输，通过习题讲解让学生明白数学推理试题考什么及如何考，减少学生做题的盲目性，并提醒学生及时记录易错题和一些经典试题，在建立不同类型逻辑推理试题的答题模板基础上做到走出模板、善于应变，使学生学得快、学得好。

第四，要求学生准备一个错题本，并经常提醒学生合理利用错题本，定期回顾错题本上的题，树立正确的"错误观"，使错误变成一种"财富"，同时可使学生养成积极进取、不屈不挠的心理品质，从而有利于学生数学推理能力的培养。

二、高中数学核心素养中逻辑推理能力的培养

数学具有严密的逻辑性，这就要求学生学习数学要具有较强的逻辑推理能力，培养逻辑推理能力也是学生建构数学知识的一个必然过程。逻辑推理是高中数学核心素养六要素之一，在培养高中生逻辑推理核心素养的过程中，要培养学生发现问题及提出命题的能力；使学生掌握推理形式，以及学会用数学语言表述论证的过程；使学生掌握数学知识之间的脉络以及能够建构数学知识框架；使学生能够形成有论据、条理清晰、逻辑严谨的数学思维品质，增强学生的数学交流能力。

（一）逻辑推理之合情推理

合情推理是从特殊到一般的推理，主要推理形式有类比、归纳。合情推理强调的思维形式是观察、类比、猜想、实验等，建立联系，使学生形成运用逻辑推理的意识。比如，数列这一章的教学设计过程就运用了合情推理。

1. 类比探索，归纳特点

通过类比探索，归纳出每一个数列的通项公式。那么如何推广到一般的等差数列呢？等差数列的通项公式是我们根据等差数列的概念通过归纳的方式得出的。在教学过程中，要引导学生根据等差数列的概念进行归纳。

2. 实施解决，检验猜想

学生得出的公式只是一个猜想，通项公式的得出还需要通过严格的证明来检验。在教学过程中，教无定法，贵在得法。在教学实践中教师应根据具体情况灵活运用教学方法，以此来不断提高学生的合情推理能力。

（二）逻辑推理之演绎推理

演绎推理是指从一般到特殊或个别的推理方法。只要前提可靠，用演绎推理推得的结论就是完全可靠的，演绎推理是一种严格的推理方法。比如，三段论推理就是演绎推理的一种，三段论推理就是指从某类事物的全称判断——大前提、特称判断——小前提，得出一个新的、较小的全称或特称判断——结论的推理。三段论的基本结构如下：

大前提心是 P，小前提 S 是 M→结论 S 是 P；

大前提 M 不是 P，小前提 S 是 M→结论 S 不是 P。

其中，F 称为大项，M 称为中项，S 称为小项，中项是媒介，在结论中不出现。三段论的依据是下面这个不证自明的公理，也称三段论公理：一类事物的全部是什么或者不是什么，那么这类事物中的部分也是什么或不是什么。

一般在实际的推理过程中，三段论中的大前提都省略，这会使学生体会不到其中的三段论推理。

（三）数学逻辑推理能力的培养

数学逻辑推理是学生学习数学、进行思考的基本能力，对于学生数学逻辑推理能力的培养，可以从以下两个方面进行：

1. 加强数学活动的过程教学，提高学生的合情推理能力

教师可以通过创设相应的教学情境，或者适当的学习活动，尽可能使学生亲身体验数学概念的形成过程；还可以通过精心设计和组织教学过程，引导学生积极主动地参与到公式、定理、法则、性质的发现、探索及推导的过程中；也可以在习题课中，通过暴露解题的思考过程，解释自己在解题过程中思路受阻及产生错误后是如何调整思维方式的，帮助学生逐步掌握探索的方法以及解题的规律，培养和发展学生自我调控的能力。

2. 进行演绎推理的训练，提高学生的演绎推理能力

（1）结合具体教学内容，介绍或讲授一些必要的逻辑知识

掌握一定的逻辑知识，对于培养与发展学生的逻辑推理能力具有重要意义。如果学生缺少逻辑知识，那么对于数学内容中含有的逻辑成分就理解不透彻，在这种情况下学生去学习推理往往只是照本宣科地使用逻辑法则，有时还会发生逻辑错误，妨碍自身逻辑思维和逻辑推理能力的发展。所以，让学生学习和掌握一定的逻辑知识，可以帮助学生形成自觉使用逻辑规则的习惯，减少或者避免逻辑错误的发生，提高学生的逻辑思维能力与推理能力，对于培养与发展学生的逻辑思维能力和演绎推理能力也是具有重要意义的。

（2）在运算中培养学生的逻辑推理能力

学生在学习代数这部分内容时，可以认识到"运算也是推理"。教师应强调不要只是记忆运算的步骤，而是要理解和掌握运算的依据，这不仅有利于提高运算的准确性，还有利于学生逻辑推理能力的培养；还要强调把计算步骤与运算依据结合起来，培养学生"说理"的习惯和能力，从而提高学生的逻辑推理能力。

（3）有层次、分阶段地培养学生的逻辑推理能力

在平面几何的教与学的起始阶段，教师可以通过对直线与线段以及角等基本概念的教学，训练学生依据直观图形做出言必有据的判断；再通过对相交线、平行线、三角形等有关内容的教与学，训练学生根据条件推出结论，会用数学符号表示命题的条件和结论，使学生掌握证明的步骤以及格式；进而在全等三角形的教与学之后，训练学生能够进行完整的推理论证的能力，使学生逐步掌握推理技能；再在上述基础之上，进行复制问题论证的训练，培养和发展学生的逻辑思维能力和逻辑推理能力。

第四节　培养高中生数学运算能力素养的教学策略

数学运算是高中数学核心素养六要素之一，它主要包括：使学生能够理解数学运算的对象，理解和掌握数学运算法则，探究数学运算方向，并能够根据不同的问题选择相应的数学运算方法、设计程序、求得结果等。在培养高中生数学运算核心素养的过程中，要培养学生进一步发展数学运算能力，运用数学运算方法解决现实生活中实际问题的能力，发展学生的数学思维，使学生养成严谨求实的科学态度。

一、明确数学运算的对象

明确运算的对象，是快速准确进行数学运算的关键。明确运算的对象，对运算的方向和路径的确定起到了保障作用。所以，在高中数学运算能力核心素养的培养中，首先要训练学生对运算对象的把握。

例：设 $a \in R$，若 $x > 0$ 时均有 $(ax - 1)[x^2 - (a + 1)x - 1] \geqslant 0$，求实数 a 的值为多少？

如果以解不等式的方式来进行运算，需要进行分类讨论，中间环节比较复杂，运算起来比较麻烦。但是，如果把运算的对象确定为函数，运算起来就容易多了。仔细审题，我们可以发现，不等式的左边是两个因式相乘的形式，把这两个因式看作对应的函数，就可以将不等式与函数相结合，这样就有一个直观的认识，运算起来相对比较简便。

解析：令 $f(x) = ax - 1$，$g(x) = x^2 - (a + 1)x - 1$

由其根式解可知，$g(x)$ 的两个零点 $x_1 < 0 < x_2$，

根据几何图形判断：

只有当 $a > 0$ 且 $f(x)$ 的零点也为 x_2 时不等式恒成立。

将 $x_2 = \dfrac{1}{a}$ 代入 $g(x) = 0$ 中，

得 $\dfrac{1}{a^2} - (a + 1)\dfrac{1}{a} - 1 = 0$，

解得 $a = \dfrac{1}{2}$

二、理解和掌握数学运算法则

理解和掌握数学运算法则是逐步形成运算技能、发展运算能力的基础。在数学教学

中，教师对于运算法则的讲授要透彻、清晰，以便学生的理解和掌握。只有掌握了数学运算法则等相关知识，才能使学生在进行运算时明确运算的方向，开阔思路。掌握运算法则是为进行运算提供依据，也是保障正确运算的前提。数学运算法则的掌握，离不开对一些基本概念的理解与运用。

三、探究数学运算的方向

学生运算能力提升的标志不在于运算本身，而在于运算方向和运算思路的确定。所以教师在教学过程中，要注重带领学生对运算方向与运算思路进行探究，以提升学生的数学运算能力，从而培养学生的数学运算核心素养。

四、根据不同问题选择相应的数学运算方法

能够熟练使用和选择数学运算方法，对提高学生的数学运算能力具有重要意义，对于提高学生的运算速度也是十分必要的。数学运算方法一般有换元法、数形结合法、常值代换法以及解析几何中的设而不求法等。

五、使学生掌握数学运算的程序性

数学运算具有一定的程序性，学生如果没有掌握数学运算的程序性，就不能合理完成数学运算。

例如，在利用三角函数的诱导公式求任意角的三角函数值的过程中，首先，利用三角函数的负角公式将任意角的三角函数转化为正角的三角函数，再利用"$2k\pi + \alpha$"公式，将其转化为 $0 \sim \dfrac{\pi}{2}$ 的三角函数。

掌握运算的程序，就相当于摸清了运算的规律，这样进行数学运算时就提高了运算的合理性以及自觉性，有利于学生数学运算核心素养的培养。

第四章 学生学习方法及实践

第一节 合作学习

一、合作学习的概念

合作学习（Cooperative Learning）是目前世界上许多国家都普遍采用的一种富有创意和实效的教学理论与策略体系。20 世纪 70 年代初兴起于美国，70 年代中期至 80 年代中期取得实质性进展。由于它在改善课堂内的社会心理气氛、大面积提高学生的学业成绩、促进学生形成良好非认知品质等方面实效显著，很快引起了世界各国的关注，并成为当代主流教学理论与策略之一，被人们誉为"近十几年来最重要和最成功的教学改革"。

合作学习是指学生为了完成共同的数学任务，有明确的责任分工的互助性学习。合作学习鼓励学生为集体的利益和个人的利益而一起学习，在完成共同数学任务的过程中实现自己的理想。《国务院关于基础教育改革与发展的决定》中专门提及合作学习，指出："鼓励合作学习，促进学生之间的相互交流、共同发展，促进师生教学相长。"由此可见，国家决策部门对合作学习的重视。合作学习不仅可以培养学生的合作精神、交往能力、创新精神、竞争意识、平等意识和承受能力，而且可激励其主动学习。

二、合作学习的理论基础

合作学习有着较为厚实的心理学渊源，它以当代社会心理学、教育社会心理学、认知心理学等理论为基础。将心理学理论与教学实际相结合，大大提高了教育教学效果，得到世界各国大部分教育学者们的好评，至今已成为一种主流的教学方式。

其中，在现代社会心理学理论内又包含有动机理论和集体动力理论，教育社会心理学理论内又包含有课堂教学工学和选择理论，认知心理学理论内又包含有精制理论（Elaboration）和发展理论（Developmental）。通过心理学的研究证实，学生之间的友好关系可以有助于从不同层次提升他们的三种心理学状态，即认知、行为和情感。

该教学方式给学生构建了一个可以通过小组合作学习方式来增进同学之间感情交流的平台，为培养学生的良好心理技能打下了基础。

皮亚杰认为，学生之间的互相配合和相互作用，能够促进彼此认知水平的提高。因而，学生的道德观、价值观、语言能力等社会经验和知识是在和其他同学的相互作用中习得的，而合作学习恰恰能够提供这样的平台，以满足学生的发展需要。

从心理学角度分析，人的内心深处，总有一个强烈的求知欲望，这一点，在学生身上体现得更加酣畅淋漓。学习过程本身就应该是一个主动探知的过程，而不应该像传统教学当中所体现出的被动的形式。小组合作学习恰是以一种合作的精神和力量，最大限度地保住了学生那原本天生、自然的求知天性。

（一）教育学理论

广东省教育科学研究所所长郭思乐教授在他的"生本教育"理论中强调："教师要高度尊重学生，要一切为了学生的发展而考虑。"教师要在学生的基础能力之内，通过对问题的提出把学生带领到一个小组讨论式的学习活动教学中，充分发挥学生的潜能，才能真正有效地培养学生解决实际问题的能力。其间，教师根据情况可以给予学生适时的需要性指导，从中也表明了学生在课堂教学中的主体地位。在整个教学活动中，教师所起到的角色是活动的组织者和问题的引导者，这都体现了现代教学论的观点。

哥拉斯觉得，教师需要对学生的四种需要进行认真关注，即归属的需要、力量的需要、自由的需要和快乐的需要。这些好比我们每天生活的必需品一样，所以对于这四个需要我们一个也不能忽视。若能满足其中的一个需求，都会给学生带来很大的快乐。他还认为，学校是学生满足需求的重要地方。学生来学校学习和生活，需要满足的是个人的归属感和自尊感，因为，如果有了归属感和影响力，幸福便自然而成。

杜威认为，在人内心深处最大的驱动力就是希望能够在周围的伙伴们面前体现自己的重要性。好比许多学生在传统的课堂上没有得到认可，而在小组合作学习活动中却显得积极。这可能是学生希望在平时的小组合作过程中获得组员们的肯定与赞赏，此现象恰好解释了他们对尊重、理解和肯定的需要。

哥拉斯还认为，虽然现在的校本教育显得有些压抑，学生没办法轻松地学习，但他相信，只要学校能够给予学生人文的关心与温暖，并能站在学生的立场去分析问题，能重新建立一种有利于学生人性化发展的教学方式，一切都会好起来的。只有满足了学生内心的需要，他们才会认真开心地学习。此做法无论是对于学生，还是对于教师的身心健康的发展都是很有必要的。

（二）建构主义学习理论

建构主义是学习理论中行为主义发展到认知主义的产物，代表着当今教育心理学领域发展的主流和方向。所谓建构主义学习理论，是指学习者在一定社会文化背景下，借助与他人（包括教师和学习伙伴）的合作活动，通过查阅相关的资料和讨论的方式获得知识的理论。因此，情境、建构、合作、交流组成了小组合作学习中的四大重要因素。

建构主义注重有关学生积极寻求知识的情境，强调学生的主观认识。建构主义观点认为，每个人都有权利决定自己对知识的认知情况。由于个人经历和体验的不同，所以对外部世界的认识也有所区别。

教师在教学过程中，不应该让学生被动地接受知识，而是应该发挥学生的潜力，发挥其主观能动性，给学生营造一个主观的学习情境，让他们建构自己学习知识的过程。

正如建构主义奠基人皮亚杰在《发生认识论》中所说的："认识既不能看作是在主体内部结构中预先决定了的——它们起因于有效的和不断的建构；也不能看作是在客体的预先存着的特性中预先决定了的，因为客体只是通过这些内部结构中的中介作用才被认识的，并且这些结构还通过把它们结合到更大的范围之中而使它们丰富起来。"换言之，学生对知识的建构过程，离不开个人的独立活动和与小团体的交往。从根本上讲，人的知识是社会生活中不同主题之间建构的产物。

同样，建构主义学习理论可以这么理解：学习过程是个体积极建构知识的过程，而不是学习者被动地接受知识。建构主义学习理论是小组合作学习的重要理论基础，该主义教学思想旨在以学生为中心，鼓励学生的自主学习、自主探究。在建构主义教学中，学习应是一个合作与合作的互动过程，教师与学生以及学生之间都是一种相互合作的关系。

该理论还认为：每个人观察事物的角度不同，通过小组合作学习，可以增进学习者之间的交流，让学习者看到不同于自己的观点，从而完善对事物的理解，促进学习任务的完成。

我们还可以从更多的层面来证明小组合作学习是以建构主义理论为基础的。例如，我们也可以从另一个建构主义代表布鲁纳的"发现学习"来探索，很容易得出建构主义学习理论是小组合作学习的重要理论基础。

（三）动机理论

动机理论（Motivational Theory）研究的是学生活动的奖励或目标结构：合作性结构、竞争性结构和个体性结构。约翰逊兄弟觉得，建立"利益共同体"是促进动机形成的最为有用的方法，因此在课堂教学过程中要尽量有意识地培养学生们建立这样的关系。成立这样的共同体能够通过对目标的建构，以及对于学生学习的资源共享、分工、角色分配互换、责任到人和集体的奖励等其他的方式来实现。

比如，个人的成功与失败都与小组紧密相连，这样使得个体与小组之间形成了一个"利益共同体"，这也就是合作性学习目标所提出的设想基础。实际上，当你在帮助别人的同时也在潜移默化地从不同层面提升了自己。方便了别人也服务了自己，这不就是互赢的效果吗？特别是，在全员参与、分工合作的过程中，能真正体现出自己在小组当中的分量，从而使得自我的价值感得到满足。只不过这个功劳应归功于全体组员，这是集体的努力成果，单凭个人的能力是无法实现的。

学生的学习动机是影响学生学习活动的一个重要因素，它可以贯穿学习活动的始终。学习动机是基于人际关系的过程所形成的，并体现出一种人与人之间的相互依赖的关系。勒温的弟子道奇定义了三种类型的目标结构，分别是：合作结构、竞争结构和个体结构。动机主义者认为：小组合作学习目标结构旨在一定的教学情境下，制定集体的学习目标与通过小组成员共同的努力，带领小组最终走向成功。在这个过程中个人的成功必须是以小组的成功这把尺子作为衡量的。所以，要实现个人的目标，必须要小组的各个成员团结一致、齐心协力共同实现集体的目标，因为只有集体的目标实现了，个人的目标才能得以实现。

如果以正态曲线来评论竞争性奖励结构中的个体成绩，那么单个学生的成绩的好坏便决定了本组的成绩好坏。可想而知，学生个体的成绩对其所在一组的重要性。

动机原则是美国心理学家布鲁纳所提出的有关教与学的四个原则当中的一个。他觉得内在动机的影响比外在动机还要强大，且具有很强的持久性，因此，在这个过程中，教师要善于发现并激励学生的内在动机。

三、高中数学合作学习中存在的问题及解决办法

（一）高中数学合作学习中存在的问题

1. 教学目标的实现问题

高中数学知识内容更具逻辑性，学生在合作学习解决问题的过程中会遇到很大的难题，因此，如果教师只是简单地提出问题就会使得合作学习的困难加剧，学生茫然地开展合作学习活动，解决问题的途径就"围绕教材"和"现代化教学设备（学习机等）"进行。这样的合作学习活动失去了原来的意义，就是让学生集中起来解决问题，没有彰显出数学逻辑思维发展的培养作用。在这样的合作活动组织下，教师提出的问题虽然得到了解决，但是对学生能力的培养目标却没有实现。总之，教师赞成合作学习的理念，但却不明

白合作学习的真正目的，时断时续地要学生去合作学习，这给学生的感觉是合作学习是一种可有可无的形式和手段，而不能形成合作学习的理念。

2. 合作制度的不规范

合作学习活动讲求轻松、自然，让高中生在和谐的氛围之中完成数学探索活动。这种情境要求使得多数高中数学教师认为，合作学习不需要有较为严格的课堂制度规范，只需要让学生展开讨论，解决问题就可以了。这种认知虽有值得肯定之处，但是也会导致课堂合作学习变成形式化的活动，这只是一种表面上的"假热闹"，实际上"活而无序"。究其原因，主要是缺乏小组合作学习的规则，"没有规矩不成方圆"。另外，教师提出合作学习任务后，很多学生就积极地进入讨论的环节，但是却借此机会聊天、搞乱，使得小组合作活动陷入不规范的情况之中。教师虽然也会强调整体的课堂纪律，但是对于个别同学在小组内的表现情况，教师往往无法很快得知，使得教学效果不够理想。

3. 合作评价的不全面

合作评价不能只是评价小组完成任务的情况，也需要对小组内的所有同学有实质性的评价，也就是集体评价和个人评价的结合。但是，在高中数学课堂上，教师为了节约课堂时间，用来讲解较难的数学问题，就缩短了对小组及小组成员的评价，简单地以"完成得很好""还不错""这个小组做得也很好，大家要向他们学习"等进行评价。其实，这样的评价，对学生行为没有全面地记录。而且在组内的合作交流和班级内的展示汇报中，发现学生往往不知道该怎样去评价自己和他人的表现，慢慢地学生对评价就淡薄了，让评价的力量落了空。分析原因可能在于学生评价的语言贫乏、形式单一，评价往往缺少应有的精彩。

（二）高中数学合作学习中存在问题的解决办法

1. 营造适宜学生合作学习的氛围，激发他们的参与热情

高中学生的学习还是一种集体性活动，需要一定的气氛。合作学习是所有人都参与的高效学习实践活动，需要充分激发他们的参与热情。营造适合学生合作学习的良好氛围，让学生都能积极参与其中，不断强化他们的合作意识，学生相互探讨，积极思考，共同分享。为此，教师需要精心组织安排小组成员，让有数学兴趣、组织能力较强的学生担任小组长，做好小组内部分工，引导小组之间相互合作，以此营造激烈紧张的学习气氛。

2. 精心安排学习任务，积极引导合作探究

合作学习需要为学生安排科学合理的任务，让学生能够围绕具体任务开展合作学习，以此提高学习的有效性。例如，学习概率及随机事件的问题时，教师可以设置抛掷硬币实验的学习任务。首先，将学生分成两个大组，每个大组再分成六个小组，每个小组的成员

进行 15 次抛掷硬币实验，并记好硬币落地时正面和背面的次数，利用 Excel 统计正面或者背面朝上的次数和频率。学生在实验中，通过分工合作，共同参与，每个学生都能参与其中，相互合作，做好统计，根据结果来探究硬币正面或者背面朝上的概率。他们非常积极，且实验非常认真，统计非常细致，且能逐步感知如下一些规律：①抛掷次数越多，正面或者背面朝上的概率越接近 0.5；②虽然抛掷同样的硬币，但是，每次硬币落地时情况不是固定的，带有明显的随意性。这样的合作学习任务具体、目标明确，学生合作有实效，培养了合作学习的能力，掌握了研究问题的基本方式，培养了良好的思维品质。

3. 做好多元综合评价，促进学生全面发展

教学评价是课堂教学的重要环节，也是引导学生高效学习、培养学生自信、促进学生全面发展的重要方式。高中数学合作学习需要做好综合评价，对学生合作学习中存在的问题及时加以引导，促进学生高效学习；对学习中表现出来的创新和优点，及时加以肯定。同时，针对学生的基础和能力，坚持分层评价，确保每个层次的学生都能得到指导和鼓励，引导学生相互评价。在合作学习中，小组内成员以及小组之间相互评价能够更好地指出问题，发现优点，相互学习，共同进步。

例如，学习立体几何线和面关系的内容，让学生合作学习探究这些关系时，小组内基础较好的学生能够深入细致感知这些关系，建立起空间线面关系，而基础薄弱的学生在合作学习中边讨论，边用手边用笔、书本儿搭建一定的空间结构，或者利用教室的墙体结构，把数学当中的较为抽象的线面关系转化为比较具体的实物结构。教师对于这些学生的努力和尝试应给予肯定，不能抽象理解就选用直观的实物进行直观感知，把抽象的空间问题具体化，以此鼓励更多的学生尝试操作，这对基础薄弱学生来说是莫大的肯定，也是学习方法的很好推广。

第二节　自主学习

一、自主学习的定义

关于什么是自主学习，在我国理论界有着不同的说法，但教育界普遍接受 Holec 于 1981 年提出的观点——学习自主性是指学生培养和形成的对自己学习负责的能力。通俗地讲，自主性学习指的就是学生在学习过程中自己主动地学，能够调整掌握自己的学习，对自己的学习行为负责，使被动的学习转化为主动学习的过程。它是近 20 年来教育领域出现的新的教学观念，目的是培养具有独立学习能力、适应社会发展的学习者。

自主学习是一种学习者在明确学习的宏观教学目标后，在教师的悉心引导下，根据个人的特点和需求，自由主动地选择适合自身的学习目标、学习内容、学习方法并通过个人控制的学习行为完成具体学习目标的方式。

　　建构主义认为自主学习其实即为元认知监控的学习，是学习者依照自己的学习能力、学习任务的要求，积极主动地整合自己的学习方法和用功程度的过程。学习者必须充分调动主观积极性，自主地去发现和探索知识，将知识"同化"和"顺应"到自己的认知结构中，并且会通过其他途径尽可能地解决自己学习中遇到的"疑难杂症"，掌握解决问题的方法，最终成为独立的学习者。

二、自主学习的理论依据

（一）维果茨基的"最近发展区"理论

　　20世纪二三十年代苏联教育家维果茨基提出来的"最近发展区理论"，以区别"现有的发展水平"。其基本观点是，在学生发展过程中，要确立学生发展的两种水平：一种是其已经达到的发展水平，即现有水平，表现为学生能够独立解决问题的水平；二是他正在形成、正在发展的水平，即可能达到的水平，但需要他人的帮助。维果茨基将这两种水平之间的差异称为"最近发展区"。维果茨基认为，教学不应以学生的昨天为发展方向，而应以他们的明天为发展方向，只有这样，才能加速学生的发展。有研究证明，任何学生都存在一个适合他自己的"最近发展区"。因此，我们教师能否找准每个学生的"最近发展区"，就成为能否充分利用"最近发展区"理论实施教学的重要前提，也是让学生进行有效自主学习的依据。

　　针对学生的实际情况，找准他们的最近发展区，将最近发展区理论应用于数学自主学习学案教学时要做到：第一，设计自主学习学案的预习学案要通过课前设问去发现学生目前已有的知识水平；第二，根据学生的实际水平提出问题，让学生"跳一跳能解决问题"，让不同层次的学生在不同问题中得到不同的发展和进步。

（二）多元智能理论

　　美国哈佛大学著名心理学家加德纳教授针对比内和西蒙的智力测验理论而提出的多元智能理论认为，一个人除了言语、语言能力和逻辑、数理能力两种基本智能之外，还有其他七种智能。每个人在不同程度上都拥有这九种基本智能，个体间的智力差异正是这些智能之间的不同组合表现的。为此，他强调在可能的范围内使具有不同智力的学生都能受到最好的教育，这基于详细了解每个学生的智力特点的基础，即教师应该了解每个学生的背景、兴趣爱好、学习强项，确立最有利于学生学习和发展的教学方法和策略。

基于加德纳多元智能的原理，在自主学习学案的设计中，要注意做到以下几方面：

第一，设计的自主学习学案是分层次的，让不同层次的同学都有适合自己的问题思考，都有合适的题目做，为不同学生的发展提高提供充足的题材。

第二，在课后延伸学案中，明确指明是学有余力的同学思考讨论有关问题。

（三）建构主义的学习理论

建构主义最早的提出者是瑞士的皮亚杰。他认为学生在与外界环境的相互作用过程中，可逐步建构起关于外部世界的知识，从而使其自身知识结构发生变化。学生与外界环境的相互作用主要涉及两个基本过程，即"同化"和"顺应"，通过这两个过程的相互作用达到动态平衡，并且在"平衡—不平衡—新平衡"的循环中不断发展、丰富和提高。

建构主义理论认为，学生的知识并不是纯粹地通过教师传授获得，而是学生在一定的环境中，借助学习过程中其他人的帮助（包括老师和同学），利用必要的学习资料，通过建构的方式获得的。从建构主义理论来看，自主学习学案教学恰是建构主义理论和现在的教学改革结合的共同产物。

基于皮亚杰的建构主义的原理，在自主学习学案的设计中，要注意做到以下两方面：

第一，自主学习学案的设计中，注意问题情境的创设，以启发学生的思考，使其在认知上出现新的不平衡，并有效利用这种不平衡来刺激其学习活动，使学生在原来知识的基础上针对新知识的情况进行同化或者顺应，以形成新知识结构，达到新的平衡。

第二，在自主学习学案的反思总结设计中，为学生提供机会同时帮助学生对学习的内容和过程进行反思，使其对原有的知识结构进行调整，使其认知结构较快地从不平衡发展到新的平衡。

三、高中数学的自主学习的模式

目前国内较有特色的自主学习模式：

（一）自学、议论、引导法

它包括3个基本环节：

第一，独立自学。即学生独立地开展学习活动。其核心思想是还给学生学习的主动权，保证学生有自主学习的时间和空间，其活动形式有"阅读""倾听""演练""操作""笔记"等，关键是学生的积极思维和独立思考。

第二，群体议论。议论是指学生与学生、学生与老师之间开展小组或全班的交流讨论，是合作学习的基本形式。"合作"是"学习"的方式，"学习"是"合作"的目标和内容。

第三，相机引导。即教师运用点拨、解惑、提示、释疑等方法发挥教师的引导作用。如创设合适的情境，生成课题，激发研究兴趣，明确研究内容和研究方法。根据学生学习中出现的问题，或进行启发性的描述，使学生得到仿效和借鉴；或对有关问题的前景进行生动的描述，使学生打开眼界，拓宽思路；或列举一些矛盾现象，选编一些容易发生错误的习题，让学生深入思考、总结经验教训；等等。

通过教师引导，使学生自学有内驱力、有内容、有方法，使议论有序、有激情、有见地、有深度，最终使课堂学习达到预期目标。

（二）"六课型单元教学法"

"六课型单元教学法"由湖北大学黎世法创立。六课型单元教学法的理论基础有两点：一是教学方式一定要适合学生的学情；二是宏观教学方式与微观教学方法的统一。六课型即：自学课、启发课、复习课、作业课、改错课、小结课。六种课型实际上是按照学习书本知识的六个不同的基本认识阶段将课堂教学划分的。

（三）自学辅导教学法

从一开始就把传统课堂教学以教师讲授为主变为在教师指导和辅导下以学生自学为主。教师要保证每节课学生有连续 30~45 分钟的自学时间。在此期间，教师不打断学生的思考。所用教材有三个本子：课本、练习本和答案本。学生利用这三个本子进行自学、自练和自改作业。自学辅导教学法的优点在于能更多地调动学生学习的主动性，并且能够更好地发挥教师的主导作用，从而提高学生的学习成绩和培养学生独立思考、独立学习的能力。

第五章 高中数学发展性教学

第一节 高中数学发展性教学基础

一、教与学活动再认识

（一）关于学生学习方式

在《高中数学课程标准》中，强调"形成积极主动、勇于探索的学习方式"，认为"学生对数学概念、结论、技能的学习不应只限于接受、记忆、模仿和练习，提倡自主探索、动手实践、合作交流、阅读自学等学习数学的方式，这些方式有助于发挥学生学习的主观能动性，使学生的学习过程成为在教师引导下的'再创造'过程。进一步为学生形成积极主动的、多样的学习方式创造有利的条件，以激发学生的数学学习兴趣，鼓励学生在学习过程中，养成独立思考、积极探索的习惯，发展创新意识"。

青少年发展心理学认为，中学生经历"再创造"过程所获得的成功感有利于激发学生继续学习的兴趣，增强学习与研究的自觉性和主动性，有利于发展学生思维能力和智力品质，并对所生成的知识形成稳定而深刻的认知。

教学实践中，学生在课堂上的自主探究活动是有限的，因为，按现行课程安排，每节数学课的学习任务是饱和的，有的课时甚至安排了超负荷的内容。如果一味讲求学生独立、自主的全程性探究，将面临教学任务不能按时有效地完成的窘境。

一节课，采取何种教法，才能有效完成教学任务，制约因素主要有：①知识难度。有的教学内容相对简单，有的则相对较难，与学情密切相关。②教学方法。大量课堂教学实践证明，学生活动相对于教师讲解，会在一定程度上延伸学习时长，因而，学生活动过多，必然会导致教学严重延时。③教学时间。课堂教学时间是一个客观因素，必须加以重视，不能向课堂外过于延伸，加重学生负担。综合上述因素，我们提倡相对的学生自主探究，也就是说，学生自主探究的内容是局部的，探究时长是相对的。

仔细研读《课标》的论述，并没有否定接受式学习，对"自主探索、动手实践、合作交流、阅读自学等学习数学的方式"的定位是提倡，这是客观的。事实上，由于学情不同、教学内容难易程度不同，很难用同一方式在不同学情下组织学习活动。

正是由于教学受到多种因素制约，致使学科教学很难形成具有普适性的范式，也正是由于缺乏教学范式引领，致使课改在课堂教学实施环节举步维艰。12年来，虽然产生了一些经验性教学方法、教学模式，但却因具有显著个性特征而不具复制性，不可否认，由于教学评价多是唯分数论，导致教师大大压缩知识生成过程的教学，这种滞后的教育评价，是课改实施环节艰难的症结所在。

所以，在教学实践中，全程性的探索式学习不具可操作性，对教育本真的追求是每一位教育人的梦想，但在现实中，又不可能不顾及学生的考试成绩，因而，在知识生成与解题训练两个方面要找到一个较好的结合点，从而突破形成教学范式的制约因素。

国家在《基础教育课程改革纲要》中，提出了六个改变：

第一，改变课程过于注重知识传授的倾向，强调形成积极主动的学习态度，使获得基础知识与基本技能的过程同时成为学会学习和形成正确价值观的过程。

第二，改变课程结构过于强调学科本位、科目过多和缺乏整合的现状，整体设置九年一贯的课程门类和课时比例。

第三，改变课程内容"繁、旧、偏、难"和过于注重书本知识的现状，加强课程内容与学生生活以及现代社会和科技发展的联系；关注学生学习兴趣，精选终身学习必备的基础知识和技能。

第四，改变课程实施过程过于强调接受学习、死记硬背、机械训练的现状，倡导主动参与、乐于探究、勤于动手，培养学生收集和处理信息的能力、获取新知识的能力、分析和解决问题的能力以及交流与合作的能力。

第五，改变课程评价过分强调甄别、选拔功能，发挥课程评价促进学生发展、教师提高和改进教学实践的功能。

第六，改变课程管理过于集中的状况，实行国家、地方和学校二级课程管理，增强课程对地方、学校及学生的适应性。

其中，第一、第四两条为课程实施改革目标，是课改难点，课程实施改革停留在少数优秀教师公开课的示范层面，缺乏提炼和系统性，难以复制，尚未形成获得一定认同度的课程实施方法的系列范式；兼之不同学校之间、同一学校不同教师之间差异很大，目前课改举步维艰，说明课改在教学实施这一环节确已步入"深水区"。因而，"改变课程过于注重知识传授的倾向"和"改变课程实施过程过于强调接受学习、死记硬背、机械训练的现状"成为课程改革的攻坚任务！

诚然，因学生知识基础和能力的差异，教学与学习活动不可能区域性地实施一种模式，但应该分学科和学段形成区域性的若干主流模式。

（二）数学学习活动的核心

这里对"学习活动"仅做狭义理解，是指学生在学校课堂里的学习活动，学习活动需要学习者用眼、耳、手等去观察、聆听、操作等，需要学习者的认知结构（由认知形式、认知策略、知识经验及结构、元认知和认知风格组成）发挥作用并发展成更高级的认知结构，还要有诸如需求、情感、动机、兴趣、意志等非智力因素的支撑。

从学习者角度看，有效的学习活动一定是通过学习者的主动认知展开的，知识的教育价值也是通过这一过程实现的。因而，教育价值要由教育过程来实现，使学生将学习数学过程中的思维、方法策略内化为自身智慧，经历的探索、发现得到的内在感悟凝结为个性品质，形成学生发展的必要素养，这是学习活动的根本所在。

从教师角度分析，实现知识的教育价值，不仅在于展现具有教育价值的知识，还在于对所学的知识都要以教育价值的精神展现。

数学学习活动的特征在于：

第一，数学学习活动的核心是思维活动以及心理体验；

第二，数学思考更多的是独立的深度思维，是一种"静思"状态，是学习主体对学习内容的主动建构；

第三，认同与批判是学习者的认知结构对新知的评判，认同是接纳，批判是质疑，两者的前提是对数学学习内容的深度辨析；

第四，概念与命题的学习是数学学习活动的关键内容，数学问题是数学知识的有机组成部分，要在解题教学与概念、命题教学之间取得平衡。

因而，在学习活动中，教师要以恰当的方式实现教学目标，如：

第一，围绕主题切实展开研讨活动，以促使全体学生积极思考。

第二，把握数学学习活动中行为动词的含义，如接受、探究、合作、质疑等，实现、达成行为动词呈现的水平。

第三，教学活动中，要避免师生互动变成教师与学优生的互动。对于教师提出的问题或课堂中生成的问题的解决，教师处理的方式往往是谁举手谁回答，由于学优生反应快而先举手，因此，问题解决中的师生互动就变成了教师与学优生的互动。此时，一些基础薄弱的学生可能还没有进行深入思考，有时甚至还没弄清问题，或者没有弄清学优生回答的内容，就匆匆而过。

第四，正确处理全体与个别的关系。学生之间不可避免存在认知差异，教师可以通过小组合作、组内协作、分组回答的措施促进整体发展，力争较好地把握时间，采取恰当措施，使得每位学生发言有均等机会。

数学是思维科学，数学概念的形成过程需要概括、抽象思维，数学公式、定理的发现需要经历归纳、类比等创新思维，数学命题的证明需要推理求解能力，数学问题的解决需要分析、解决、类比、联想等思维。因而，数学课堂活动的本质是数学思维活动以及经历创新的心理体验，在教学活动中，教师要将学生自主探索活动设置在知识发生发展的关键点上，不要放在知识发生发展的枝节性问题上，有价值的数学问题是激励学生积极思考的问题，有意义的数学活动就是深刻的思维活动。

（三）发展学生创新意识与能力

美国心理学家布鲁纳指出："教学过程是一种提出问题和解决问题的持续不断的活动，思维永远从问题开始。"

数学概念的产生过程、数学命题的探究过程，相对于学生而言，都是新事物。在教学过程中通过生成问题以及问题的解决，从而形成新概念、新命题，这本身就是"再创造"。因而，数学概念、命题是培养创新意识和能力的优质素材，所以，要从再创造角度认识数学教学活动。一个数学问题的解决过程，往往经历尝试、质疑、反思、再尝试的探索过程，学生要经历之前并未经历的一些思维过程，学生正是经历这一"再创造"的体验后，获得创新的感悟和能力，以使自己在以后的学习或工作中，怀有创造意识，能进行创造性活动。

有一种观点，认为创新能力不是培养出来的，教学中培养学生的创新意识，而不是能力，这是不对的！我国著名心理学家林崇德教授指出，创造性思维具有五个特点：

第一，新颖、独特且有意义的思维活动；

第二，创造性思维的内容为思维+抽象；

第三，在创造性思维过程中，新形象和新假设的产生常带有突发性，称之为"灵成"；

第四，分析思维和直觉思维的统一；

第五，智力创造性是辐合思维和发散思维的统一。

学习活动中，敏锐的观察、新颖的视角、科学的猜想、合理的联想、独特的构造、问题的拓展都是创新意识与创新能力的体现。

（四）设计探究问题需考虑的因素

生活中，一些人得知笔者是数学教师后，立即产生敬畏感，经常听到两个方面话意：

一个说法是数学难学，自己的数学学得不好；另一个说法是学习数学没有太多用，只要掌握简单的计算就行。第一个说法实际，反映个体的数学学力问题；第二个说法反映的是数学的价值问题，并且是显性价值。这种对数学及学习数学的意义的质疑，在一定程度上反映出目前数学教学的弊端，为追求应试成绩，大大缩减了数学知识发生发展的过程，是过度进行解题训练带来的后果。

无独有偶，新浪微博调查显示，有13万网友支持数学滚出高考，占77%，他们认为数学难度太大，称自己是"做题机器"；有的网友认为自己受到数学的伤害。

在数学教学实践中，教师为赢得高考，"一个定义，三项注意，几个题型，大量习题"的现象屡见不鲜，章建跃博士认为，教师把主要精力放在高考以及解题上，对于为什么做题目，却疏于思考，实际上是离开数学搞数学。

在一次国际比较教育研究中，美国学生阿历克斯发现，中国的数学课虽然有老师的演讲和学生的自主解题，不过绝大多数自主解题并不自主，学生只是按照老师刚刚灌输的方法练习。阿历克斯观察到，我们的学生只是在练习，而非探索或发现。

种种怪相，值得我们深思，要反思教学，哪些地方没有做好？怎样的数学教学才符合学情，受到学生欢迎？怎样的数学教学与数学学习活动才能激发学生兴趣，焕发出学生爱好学习数学的生命活力？

对于此类问题的破解，就要找到问题产生的根源。主要原因有：一是教师大大缩短了新知生成过程，将本应生动地探究知识、发现结论的过程大大压缩了，变为机械的记忆，缺失了成功生成新知带来的愉悦与兴奋；二是将数学教学变成了解题教学，日复一日地进行机械的解题训练，每天总有做不完的习题，没有了成功解决问题后的兴奋与欣慰；三是数学问题难度过大，教材中编排的习题梯度过大，基础性不足，难度有余，再就是所用的教辅资料，配置的题目恨不得将高考题全部移植过来。正是这些原因，才使许多学生对数学产生畏惧感，甚至觉得受到"伤害"。

进行多年的高中课改，对许多教师的教学行为并没有引起显著变化，但是，最大的成就在于所倡导的教育理念深入人心，且在一定程度上影响着教师的教育教学方式；反思课改，多数教师都认为所倡导的教育教学理念是正确的，提倡的教与学的行为，以及给出的系列行为动词都是正确的、有意义的，这是难得的认同。但是，由于面临高考压力，在理想与现实之间，课堂教学方式的改革在艰难中前行，不敢奢望取得多大成效，这是因为教学评价与理念的不适应，群众对自己孩子取得高考成功的期望演变为对政府教育主管部门、学校的压力，这种压力随之又传导在教师和学生身上。其实，不是教育者无为，有识之士早已看到，只是面对国情，无力改变而已。

理想者在艰难中前行，因而，数学教学出现两种现象：

一种现象是教研活动中的教学与常态教学的教学方式存在显著差异，教研活动中的数学教学，师生互动、学生活动较为充分，但有时存在一定的形式化现象，学生活动、互动的实质意义不大，缺失对教学方法的深刻认知；而常态课堂依然大容量、高强度，解题训练成为教学的主轴，好像学数学就是学解题，所学的概念、命题就是用来解题的。

另一种现象是区域之间、学校之间、教师之间教学方式存在巨大差异，一部分具有教育信念的教师，不懈地尝试融合着先进教育理念的教学行动；但被动或墨守成规者大有人在，总是把数学看作一堆孤立知识的总集，把数学学习变成对概念、原理、公式的死记硬背，使学生对数学望而生畏，导致运用数学知识分析问题和解决问题能力的欠缺，也使学生数学学习失去动力。

在教学设计时，教师要设置有意义的问题，或者启迪学生发现有什么值得探究的问题，选择的解决方向是什么？突破口在哪里？解决的方法是什么？在问题解决过程中，可能会遇到什么疑难问题？学生会获得哪些收获？包括知识提炼、方法总结，以及心理体悟等。

事实上，合理的探究发现不是花架子。在学习过程中，虽然学生不可能经历所有数学知识的再探究过程，但力所能及地经历一些探究活动是必要的。在探究活动中，通过观察、辨析、提炼、概括、发现等探究过程，学生形成了一个新概念、得到了一个新命题、发现了一种新解法，对学生以后发展的激励作用是明显的，其本人对知识的认识也是深刻的。

固然，我们不是教学神话的缔造者。课改以来，一些专家片面强调学生发现、探究，在许多公开课中，不切实际地进行全程性的探究活动，致使课堂容量过小，教学内容难以完成；甚至有的教师提出开放式教学，就是教学内容上到哪里，下课了，就在哪里停下来。试问这样做，怎样保证按计划完成教学任务？学生学习的内容是间接知识，我们提倡学生在学习活动中，要经历自学、探究、合作讨论等方式，但完全的探究在现实中行不通，也没有必要。在短短的几年时间里，怎么能将人类经历几百年形成的知识，全部模拟探究一次呢！

另外，也不可能一种教法打天下。在教改实验中，一些人总想以一种教学模式教所有内容，教学方法的选择要依据学情和教学内容而定，一节较为简单的学习内容，放在生源较好的一类学校，可能没有几个问题需要教师讲解，而放在生源较差的学校，可能就需要师生共同协作，一步一个脚印地引领学生探索。

设计探索问题，应考虑下面几个因素：

1. 学情

了解学生知识基础、能力水准和学习积极性等状态，为设计问题、内容编排、程序设计做好准备。

2. 内容

设置的用于探究、发现的情境或问题，应是学习内容中相对重要的知识点，难度符合学生最近发展区要求。

3. 教法

根据学情和学习内容选择适当的教学方法与教学方式，让学生获得知识生成的体验，并确保在单位时间内完成教学任务，达成教学目标。

不同的课型，教学价值也不同，其教学方式也应有差异，采取哪种教学方法，应视教学内容而定，对概念课、命题课，这类课型是培养学生抽象概括、探究创新能力的绝佳课型，要根据学情，重新组织教学内容，以问题导学方式，一步步探究解决，在问题的不断生成与解决中，与学生一起体验探究发现、形成结论的快感与乐趣；该板块的教学，我不提倡学生自学，自学更多体现为学生的自主认知，而不是创造，对解题课，教师共同解决，分析思路，然后教师规范，予学生以示范，特别是概率问题的解答，尤其如此，对复习课、讲评课，笔者提倡并践行先做后讲，讲出关键。

数学创新能力作为数学能力的有机组成部分，在数学能力结构中占据着核心地位，数学创新能力除了现存在于科学的数学的创新与发现中，还应扩展到数学教育的过程与范围内，包括数学的感觉、数学的观察、数学的悟性、数学的意识、数学的知识学习、数学的问题解决以及数学的思维、数学的交流、数学的应用等不同数学活动在内的一种意义广泛的认知态度和认知方式。

数学学习与创造活动作为一种智力探索活动，需要良好的心理素质，如对数学的热爱、赞美、鉴赏，高度的精神集中和长时间的精力投入，克服一切困难、坚韧不拔、勇往直前的意志和勇气，不服输、不信邪的顽强拼搏精神，诚实求真、不弄虚作假的良好品格。

产生一个概念，导出一个命题，解决一个问题，就有一次成功的体验。教育心理学研究表明：一个人只要体验一次成功的欣慰，便会激起无休止的追求成功的意念和力量。在中学数学教育中，创造力的一个突出特征就是再创造。

还有，追求分数并没有过错。一说到分数，好像就是应试教育的东西，这不全对，学生对所学知识掌握的程度、能力发展的现实水平、数学素养的高低在科学上都需要一个量化的评价，这一评价的直接结果就是分数，只不过，问题的关键是形成这个分数的评价内容是什么，只要评价内容科学，分数就能区隔出学生发展潜力的高低；再者，在当前高考升学模式没有变化的前提下，为了学生以后发展，就必须做好目前的事情，这就使学生必须取得较好的分数，这是学生发展的需要，我们不能简单地认为高考成绩好就是应试教育，素质教育会导致高考成绩差，现在的高考，除了考查必要的知识外，还考查学生分析问题与解决问题的能力，要力争做到：科学与人文相融，应试与素质相通，成人与成才统一。

从基础教育的功效来看，应有两个方面：一是目前的发展，学生学习的过程是自身成长的过程，在这一过程中，知识得以积累，能力得以增长，品格得以积淀养成；另一个是为以后的发展奠基，这就将目前的发展看作人生发展过程的一个环节，是在为以后的发展奠定必要的知识基础、能力基础和品质基础。因而，激励、促进学生发展成为教学的核心追求。

事实上，要形成数学化的思想观念，培养独立思考、勇于创新的品质，靠大量的习题训练是无法完成的；要更多地让学生学会用数学的立场、观点、方法去看待问题、分析问题、解决问题，树立、养成理性主义的世界观、认知论和方法论。

数学概念、定理、公式以及命题的产生，是科学抽象、严谨推理的结果，不是个性的张扬与宣泄，因而，数学教育价值体现在：一方面，学生在学习中经历这一过程，体悟和养成灵活思维、客观地预见事物发展方向的品质，获得心理的愉悦和自信；另一方面，数学的思维方式、数学的精神使人们养成有条理的、缜密的思维方式，养成理智、求实的习惯。爱因斯坦说："三角形的三条高交于一点，它们本身虽然不是显而易见的，但是可以很可靠地加以证明，以至于任何怀疑似乎都不可能，这种明晰性和可靠性给我造成了一种难以想象的印象。"他又说："逻辑推理的这种可赞叹的胜利，使人们的理智获得了为取得以后的成就所必需的信心。"

二、高中数学发展性教学释义

过去，对于数学学习，我们一直强调要打下扎实的基础，养成熟练的基本技能，随着本轮课改的实施，在课程目标中增加了过程与方法、情感态度与价值观，对教育认知上升到新的平台，我们的认知越来越接近学生一生发展的根本性需求。

教育的本质是激励、促进人的发展。史宁中教授认为，数学教育价值主要体现在精神、能力和数学素养三个层面。其中，精神层面包括勤于思考、敢于质疑、一丝不苟、统筹规划等；能力层面包括知识技能和思维方法，通过抽象、推理、模型化等途径感悟基本数学思想，通过思维、实践等途径积累基本活动经验。

但是，这一认知中，数学素养是一个宏观概念，包含着数学能力、数学精神等因素，不是并列关系；何小亚教授认为，数学素养是指学生为了满足自身发展和社会发展所必备的数学方面的品格和能力，是数学的知识、能力和情感态度价值观的综合体。从而，印证了我们的上述判断，由于数学知识是养成数学精神、数学能力和积淀数学素养的载体，基于此，将"精神、能力和数学素养"修改为"知识、能力和精神"更为妥当。

20 世纪 50 年代中期，苏联著名的教学论专家、心理学家赞可夫，在大量教学实验的基础上，以维果茨基的"最近发展区"理论为基础，提出了发展性教学理论体系，赞可夫"发展性教学"理论体系的中心思想是：产生尽可能大的教学效果，促进学生一般发展，发展问题是这一体系的核心问题，认为教学应该建立在学生潜在水平的"最高阈限"上，从而达到教学的最好效果，促进学生的发展，这里所说的一般发展是指不仅发展学生的智力，而且还要发展情感、意志品质、性格和集体主义思想等非智力因素，在一定程度上改变了以凯洛夫为代表的传统教育学思想和以叶西波夫为代表的传统教学论思想，其过于注重知识技能的掌握，忽视学生一般发展。

20 世纪末至 21 世纪初，我国学者对发展性教学进行了本土化研究，其中代表性人物为北京师范大学裴娣娜教授，她于 1998 年出版了代表性著作《发展性教学论》，又于 1999 年在《河南教育》第 1 期上发表了论文《发展性教学与学生主体性发展》。裴娣娜教授认为，发展性教学的目标是促进学生主体性发展，实现自主性、主动性和创造性三个方面的发展；教学策略体现为主动参与、合作学习、差异发展、体验成功。教育必须主动适应现代社会发展的要求，培养全面发展的具有自觉能动性和开拓创新性的高素质人才；学校培养的人必须具有良好的品格，有强的适应社会的能力，有高的文化素养。

裴娣娜教授倡导学生主体性发展，主体性包括自主性、主动性和创造性三个方面，自主性是对自我认识和自我实现的不断完善，在日常行为中，自主性集中表现为自尊、自立、自决、自强等自我意识，符合实际的自我评价、积极的自我体验和主动的自我调控能力。主动性，实质是对现实的选择、对外界的适应的能动性，主要表现在：有较高的成就动机、较强的竞争意识、浓厚的学习兴趣和求知欲、主动积极的参与态度，以及较强的社会适应性，创造性则是对现实的超越，是主体性发展的最高表现，主体性强的人在创造性方面，不仅表现为有强烈的创新意识，而且表现为具有创造性思维能力和动手实践能力。裴娣娜教授认为，学生主体性发展的实施方式就是发展性教学，要发挥学习者的自主性、主动性和创造性，培养其良好个性，使学生得到生动、活泼、主动的发展。

发展性教学理论在我国得到很大发展，对教学带来了一定转变与创新，主要表现在：教育理念转变为学生是具有主体性的生命个体，课程目标转变为着眼于学生的全面发展，教学策略转变为强调主动参与与合作学习，教学评价转变为更加人性化，教学研究方法转变为重视教学实验。裴娣娜教授认为，发展性教学是"以学生为主体，通过学生主动学习促进主体性发展的一种教学思想和教学方式"。因此，我们将数学发展性教学界定为：在数学教学活动中，重视学生的主体地位，通过教师主导的教学活动和学生的主动学习、探究等活动的相互作用，使学生在知识获取、能力发展、个性品质优化、价值观形成等方面得到有效促进的教学。

发展性教学倡导在学生习得学科基础知识的同时，获得能力发展和个性品质的养成；数学发展性教学立足于促进学生发展，着力于提升中学生发展力，作为数学教师，教学立足于数学，效益高于数学，这是我们提出数学发展性教学和中学生发展力的基本出发点，因此，学习、掌握数学知识可以认为是一个目的，同时又是一种手段，但绝不是唯一目的。

数学发展性教学，继承传统教学的优势，重视扎实的基础知识习得和基本技能养成，明确数学教学活动的本质首要是学习数学知识与技能。数学概念、数学命题构成了数学基本理论，是数学思维得以展开的基础，数学问题为数学基本理论的应用搭起了桥梁。因而，学习中，学生要打下厚实的数学知识根基。

数学发展性教学，重视传统教学中对学生数学能力的培养，重视理性精神养成，体现在解决问题时的数学视角、尝试解决的方法，发展能力、培养思维、教学追求要富有思想性、启发性和创新性，学习数学，就要学习数学中蕴含的具有价值的数学思维能力，如主要用于分析问题的模型化能力、主要用于解决问题的应用能力、一般意义上的推理能力；因而，数学教学要提高学生对数学的基本理解与计算能力，提高数学的问题解决能力、数学表达与交流能力，以及应用意识；教师更加注意引导学生做数学，经历猜想、论证与交流的问题解决活动，使学生在对数学情境进行抽象思维和推理方面表现出优势，通过学习数学知识，发展学生的批判性思考的能力。正如徐利治先生说：中学数学教学应帮助学生树立理性求真的世界观、认识论和方法论，塑造和培养有科学思想、科学观念、科学精神、科学态度和科学思维的现代化建设人才，强化提升严谨求实精神和反思批判精神，在数学中，每一个数学公式、定理都要严格地从逻辑上加以证明才能确立，数学推理的步骤要严格地遵守形式逻辑的法则，以确保从前提到结论的推导过程中，每一步在逻辑上都是准确无误的。

数学发展性教学，重视养成学生良好的个性品质，培育思想，形成认识事物的科学方法、严谨的态度，提升素养。数学教育具有人格建构作用的各种思想品质，如热爱科学、追求真理的求实创新精神，一丝不苟、勤奋学习的科学态度，通过学习数学知识，提高学生学习数学的兴趣和良好的数学素养，提升数学技能、解题能力、实践能力，养成好奇心、创造意识、认真、勤奋、刻苦、踏实、谨慎、自尊、自信的品质和人生观、价值观，提高数学教育对公民核心素养，如公正、自信、理性、独立思考、社会责任、交流合作的贡献率。增强数学课程内容与学生生活经验的内在联系，激发学生对数学的兴趣、好奇心与探索欲。

从高中数学教科书来看，在知识生成的方式中，归纳、类比、演绎并存，有些地方还增加了数学实验（如线面垂直的判定），这些编排可谓匠心独运，是激发学生探究欲，培养学生创新精神、发展学生思维能力和创新能力的重要素材。例如，在推导等比数列求和公式的教学中，教师怕浪费时间，往往直接应用错位相减法进行推导，没有从分析等比数列的特征和求和公式的期望要素入手，组织学生讨论，探讨公式的推导方法，失去了促使学生发现"错位相减法"的绝佳机会，也失去了培养学生创新精神和创新能力的一个机会。

三、高中数学发展性教学的目标

数学知识是可以遗忘的，但在学习数学知识时，掌握的解决问题的方法、获得的能力与智慧会永远伴随着学生。因而，在数学教学中，站在育人高度，才会使自己的教学富有蓬勃的生命力和无限的创造力。

本轮课改，是以人的发展作为出发点，而不是学科知识的传授，课改的核心在于改变课程过于注重知识传授的倾向，强调形成积极主动的学习态度，使获得基础知识和基本技能的过程同时成为学会学习和形成正确价值观的过程，因而，在此基础上，设置了课程总体目标，即三维目标：知识与技能、过程与方法和情感态度与价值观。

三维目标是对传统课程目标的继承与发展，知识与技能目标来自传统目标，过程与方法、情感态度与价值观目标是对传统目标的发展创新。在三维目标中，教师最容易把握和便于操作的是知识与技能目标，每节课都有相对具体的目标达成要求；在王建磐教授关于《高中数学课程标准实验情况调查》中，受访者的意见集中在"过程与方法目标不好把握"和"情感态度与价值观目标很难落实"上。

《高中数学课程标准》中，课程目标表述的最大亮点在于使用了系列行为动词，对三维目标（知识与技能、过程与方法、情感态度与价值观）进一步做了阐释，知识与技能目标中涉及了解、理解、掌握等 46 个行为动词，过程与方法目标中涉及经历、参与、探索等 25 个行为动词，情感态度与价值观目标中涉及体会、形成、发展等 13 个行为动词，将上述目标浓缩成一句话就是：在学习与探索的过程中发展自身。

在修订后的《义务教育数学课程标准》中，逐步将课程总目标演化为知识技能、数学思考、问题解决和情感态度四个方面，结果性目标使用了了解、理解、掌握、运用等术语表述，过程性目标使用了经历、体验、探索等术语进行表述。对于"情感态度与价值观"目标，主要问题在于难以用某个尺度衡量，也就是说，目标达成与否不易测量，往往根据学生课堂表现，靠经验进行宏观评判。我们还认为，这一目标中，对其所要表达的内涵还未充分表述出来，如行为动词中没有勤奋、刻苦、意志力等词汇，而这几个词正是许多优秀人才具有的共性品质。因此，我们在认同"情感态度与价值观"目标基础上，提出内涵更为丰富的目标"个性品质"目标。

对于"过程与方法"目标，在课程标准中用了 25 个行为动词进行解读，我们认为，这一目标的落脚点是三个：知识、能力、情感态度与价值观。因而，"过程与方法"目标的终极追求包含着知识、能力、情感态度与价值观，故这一目标与其余两个目标并不形成并列关系。另外，一些生源优秀的学校，教材基本不用讲，学生能够轻松地掌握教材内容；而一些生源基础弱的学校，依此要求难以完成教学任务。因而，用"数学能力"目标替换"过程与方法"目标更为实际，也更具可操作性。

北京师范大学李亦菲博士认为，过程与方法目标包括分析能力、评价能力、创造能力、元认知能力四个方面，其中：分析能力和评价能力主要对应于学习过程，包括区分、组织、归因、核查、评判等认知过程，这表现为学习方法；创造能力对应于问题解决过程，包括生成、计划、产出等认知过程，这表现为问题解决方法；元认知能力包括记忆策略、理解策略、问题解决策略三个方面。他认为，过程与方法目标实际上就是方法与策略目标，这说明，李亦菲博士认为，"过程与方法"目标的最终指向还是能力。

另外，为简练起见，我们将"知识与技能"目标简称为"知识性"目标。

至此，形成了数学教学新的"三维目标"：知识性目标、能力性目标和个性品质目标。

构建新"三维目标"的意义在于，目标指向落脚于学生所应具有的素养上，语意更为明确；知识、能力和个性品质三者相互独立、互不包含，在逻辑划分上属于并列关系。

这样，数学学习结果可分为知识性素养、能力性素养和个性品质素养。知识性素养包括四个类型知识——事实性知识、概念性知识、程序性知识、元认知知识和四个层级的智慧技能——知识技能、理解概念、运用规则、解决问题，能力性素养包括空间想象能力、抽象概括能力、推理论证能力、运算求解能力、数据处理能力五个基本能力以及提出、分析、解决问题能力和数学表达交流能力，个性品质素养包括情感、态度、价值观以及勤奋、刻苦、意志力等。

目标达成，要通过数学学习活动这一"过程"来实现。

数学学习活动可以分为三个层次：

"经历过程"，其活动的内容是借助已有的知识和经验，从数学角度认识和研究对象有关的生活题材或数学题材；活动的形式是有指导地视、听、读、做等；活动的目的是从现实情境中抽象出研究对象，并获得对对象的一些感性认识。

"参与活动"，其活动的内容是用科学的方法或合情推理方法认识或验证对象的特征，其活动的形式主要是视、做、思等，其活动的目的是初步认识对象的特征及认识对象特征的一些经验。

"探索"，其活动的内容是用合情推理和演绎推理相结合的方法研究对象的特征、性质、数学规律、数学方法、数学问题、数学结论等；活动的形式是独立或与他人合作进行视、做、思、议等；活动的目的是理解或提出问题，寻求解决问题的思路，发现对象的特征及其与相关对象的区别与联系，获得一定的理性认识。

教学设计，要重视知识性目标、能力性目标和个性品质目标达成的过程设计，要通过设计有广泛参与度的数学活动的支持。例如，《等差数列》是一节宜于学生自主探究的学习内容，教师通过恰当的教学问题设置，激发学生自主探究，其教学目标可以分为以下三个层次：

让学生亲历等差数列概念的抽象过程，尝试导出通项公式的过程，达成：

第一，抽象出等差数列的概念，推导出等差数列的通项公式，实现知识性目标；

第二，积淀数学思维活动经验，获得探究发现的乐趣、成功的体验，实现个性品质目标；

第三，学生经历数学思维活动，经过分析、归纳、概括、演绎等活动，提升抽象概括能力、归纳推理能力和演绎推理能力，实现能力性目标。

在教学目标拟定中，将目标分解到位，要具体；解析等差数列教学内容，确定教学思路，设计数学活动，采用恰当手段，便于学生在学习活动中数学地理解、认识问题和解决问题，挖掘蕴含在知识背后的思想方法和数学活动经验对发展学生智力的作用；设计的数学活动要具体、明了，便于实施。

通过数学活动，使学生理解数学地认识问题的思维模式和解决问题的方法，感悟知识蕴含的数学思想方法，积淀数学活动经验，对其理性思维发展和个性品质有积极影响。

1. 知识性目标

一说到数学，许多人想到的是数学概念、命题和数学问题。固然，概念和命题是数学的基础性知识和核心内容，数学问题是数学大厦的有机组成元素。但是，数学方法、数学思想也是重要的数学知识。因而，数学是数学知识、数学技能、数学思想和数学方法等紧密联系的内容的总和。

在《高中数学课程标准》中，对"情感态度与价值观"用了以下行为动词予以描述："感受，认识，了解，初步体会，体会（价值）；获得，提高，增强，形成，养成，树立，发挥（想象力），发展"，同样适用于良好个性品质的达成。在《高中数学课程标准》中，对"知识与技能"目标用了三组标志学生应达到的水平词组和与之对应的行为动词予以表述。第一组是知道（了解/模仿），与之相应的行为动词是了解、体会、知道、感知、认识、初步了解、初步体会、初步学会、初步理解、求（简单的）；第二组是理解（独立操作），与之相对应的行为动词是描述、描绘、说明、表达、表述、表示、刻画、解释、推测、想象、理解、归纳、总结、抽象（出）、提取、比较、对比、识别、判定、判断、会求、能运用、初步应用、（简单的）应用、初步讨论；第三组是掌握（应用/迁移），与之相对应的行为动词是掌握、导出、分析、推导、证明、研究、讨论、选择、决策、解决（问题）。

知识性目标的有效达成，需要将眼的观察、手的操作、脑的思考紧密联系起来，需要了解、判断、制作模型、推理、比较、辨析等。

在教学过程中，教师要通过设置的问题情境，激活学生主动思考的意识，形成基于问题的学习任务，引发学生主动学习，从而展开提出问题、分析问题、解决问题的学习活动，使问题与学生原有认知结构中的经验发生联系，激活现有的经验去"同化"或"顺应"学习活动中的新知识，改组或重建原有认知结构。

这一过程中，需要解决两个问题：一是实现知识内化，即通过解决是什么（陈述性知识）和为什么（建立知识间的联系）的问题，把握知识形成规律；二是形成学科技能，即通过知识的应用，把握知识应用规律，从而在知识形成过程和问题解决过程中，理清要解决什么问题、用什么方法或思想来解决、怎么想到这种解决方法、为什么这样解决。教学过程中，要注意以下几点：

（1）让学生在知识形成过程中学知识

教师要切实认识到知识形成过程对学生的吸引力和对学生发展的重要作用，引导学生经历、感受和体检数学知识产生、形成和发展的过程，这样，学生获得的知识是深刻的、生动的，特别是根据学习内容，引导学生开展一些数学小调查、小实验、小设计，撰写数学小论文、小报告等，培养学生的探索、研究能力。

（2）让学生在动手操作中学习知识

中学数学中的概念大都来自生产实践，具有丰富生动的现实背景，如圆锥曲线、线面平行与垂直等，让学生在操作中观察、思考，发现问题、分析问题和解决问题，感悟提炼生成知识的方法、角度和途径。

（3）让学生在理解与辨析中学习知识

教学中，创设贴近学生生活、富有探索性的问题情境，在对问题情境的理解、辨析中，激发学生自觉、主动、独立、积极地学习探索，使学生经历观察、实验、猜想、探索、推理、判断、选择、设计、表达、评价、总结和反思的过程，积淀学习数学的好奇心和求知欲。

（4）让每位学生都获得自信心

学生存在个体差异，这是客观存在的，对教学内容和程序进行合理设计，具有一定的层次性，力求符合学生最近发展区理念，使得每一位学生都能自信地思考，树立乐于思考、善于探索、勇于实践、敢于创新、勤于反思的自信心，形成顽强的意志品质和敢于质疑的精神。

知识性学习承载的不仅仅是知识性目标，还有能力性目标和个性品质目标，学习数学的过程是学习知识、掌握技能的过程，也是发展能力和养成个性品质的过程，能力培养与品质养成依托于知识学习，三者相互作用、相互促进，它们始终贯穿于学习全过程，相辅相成，密不可分。

2. 能力性目标

学生数学能力来自知识生成与应用的过程。

在《现代汉语词典》中，对"过程"的解释为"事情进行或事物发展所经过的程序"，对"方法"的解释为"为达到某种目的而采取的途径、步骤、手段等"。因此，"过程与方法"目标是指学生学习知识、获得发展的程序、途径、措施等，将"过程与方法"作为课程目标，是新课程的创新，但在学术界有不同的认识，作为一线教师，笔者认为将"过程与方法"作为课程目标，有其阶段意义，旨在改变传统教学方式，促使教师关注知识的形成过程、事物的变化过程，并在过程中使得学生经历、体会、感受事物发生、发展的途径、方法，内化知识，形成能力，获得活的知识，而不是固化的结论。

在《高中数学课程标准》中，对"过程与方法"目标用了许多行为动词加以阐述，诸如"经历、观察、感知、操作、查阅、借助（工具）、模仿、设计（问卷、装置）、收集（数据）、回顾、复习、梳理、整理、合作、参与、实验、交流、分析（实例）、发现、尝试、研究、探索、探究、解决（问题）"等，简言之，就是"经历、体验、探索"；从用词来看，仅仅描述了学生的学习行为，但在本质上，着眼于学生的长远发展，使学生受益终身。

（1）概念教学中的"过程"

数学概念是数学知识体系的细胞，是数学思维的基础，数学概念教学要经历抽象概括、定义生成、应用等过程，是引导学生从数学角度认知自然与社会的绝好素材。所以，数学概念的教学，要从学生熟悉的情景材料出发，引导学生分析素材的共同属性，通过抽象、概括、质疑、判断、比较、完善等活动，做实概念形成过程，充分发挥概念教学的应有价值。

（2）解题教学中的"过程"

解题是检测学生知识掌握程度和分析、解决问题能力的重要方式，背景新颖的探索问题往往没有现成的解题模式可套，学生需要根据题目提供的信息，在理解的基础上，进行解析、转化、分类、组合、调节，析取问题解决的主线，进而解决问题。由于学生经历了剖析问题、寻求解决方案、尝试解决等过程，提升了探究能力。

解题教学的关键在于发现问题解决的思路，特别是一些关键点的破解、转化，揭示思维萌发的本源，体现数学的本质。数学问题具有多样性，因而解决的方法与途径也是多样的，一些看似类似的问题，解决的方式却有相当大的差异。

3. 个性品质目标

数学知识生成与应用过程，带来的另一个收获是良好个性品质的养成，从数学学科角度分析个性品质的内涵，除具有共性因素以外，还有学科的特殊性，这就是对数学的爱好、自信、理性，认识到数学的科学价值、应用价值和文化价值。

个性品质养成有多个途径：学校、家庭和社会。这里，我们仅从学校教育中数学学科教学角度谈个性品质养成。数学学习活动中，良好的个性品质能有效促进数学学习深入展开，同样，数学学习活动也在提升学生的个性品质，是数学学习结果的升华。

个性品质是学生核心素养的重要组成因素，个性品质包含情感、态度与价值观，又不仅仅是这些，还有坚毅、坚韧、创新意识、理性精神等。情感是人对客观现实的对象和现象的刺激所产生的心理反应；态度是指在一定情境下，个体对人、物或事件，以特定方式进行反应的一种心理倾向；价值观是人们对客观世界所持的判断标准，有怎样的情感和态度，往往就会有相应的价值取向。

之前，个性品质总是以非智力因素的面貌出现，学界在研究中、一线教师在实践中并没有忽视，只是没有像现在这样系统规范地提出，将个性品质作为数学发展性教学目标之一，具有非凡意义，因为，这一素养在人一生的发展中具有关键性作用。明确提出这一目标，是从育人的高度认识数学教育。

高中数学个性品质目标，是指在高中数学教学中，以学生的发展为本，培养学生正确的学习态度、高尚的道德情操和健康的审美情趣，形成正确的价值观和积极的人生态度。

在《高中数学课程标准》中，对"情感态度与价值观"用了以下行为动词予以描述："感受，认识，了解，初步体会，体会（价值）；获得，提高，增强，形成，养成，树立，发挥（想象力），发展"，同样适用于良好个性品质的达成。

在新课标里，情感态度与价值观目标被赋予了丰富的内涵。情感不仅是指学习兴趣、学习热情、学习动机，更是指内心体验和心灵世界的丰富。态度不仅是指学习态度、学习责任，更是指乐观的生活态度、求实的科学态度、宽容的人生态度和社会责任感、价值观，不仅强调个人的价值，更强调个人价值与社会价值的统一；不仅强调科学的价值，更强调科学价值与人文价值的统一；不仅强调人类的价值，更强调人类价值与自然价值的统一。从而使学生从内心确立起对真善美的价值追求以及人与自然的和谐可持续性发展的理念，具体内涵包括：能积极参与数学活动，对数学有好奇心和求知欲；在数学学习活动中获得成功的体验，锻炼克服困难的意志，建立学好数学的信心；初步认识数学与人类生活的密切联系及对人类历史发展的作用，体验数学活动充满着探索和创造，感受数学的严谨性及数学结论的确定性；形成实事求是的态度以及进行质疑和独立思考的习惯。

数学教学中，个性品质教育要融入具体的教与学的活动中。在教学中，教师通过引导学生领略数学知识发生、发展过程和问题解决的思维过程，使学生感悟到数学知识的生成妙趣及应用价值，让学生体验顿悟的愉悦和创新的快乐，从而对数学和科学产生、树立、保持积极的情感态度，形成正确的价值观和数学思想，激励学生持续发展。

培养学生良好的个性品质不仅有利于学生智力和能力的发展，而且有助于促进学生非智力因素的培养，促进他们正确的人生观和世界观的形成。情感态度价值观的培养不是撇开数学的单纯说教，而是在数学知识学习过程中的自然生成与亲历感受。

"个性品质"目标的达成，要以知识为载体，以过程为媒介，寓于具体认知活动中，通过具有实际意义的操作、感悟获得；同样，"个性品质"目标的实现能够促进"知识"与"能力"目标的达成，三维目标的实现是相互关联的有机整体。

个性品质目标可以细化为：浓厚的学习兴趣、正确的学习态度、明确的意识和正确的价值观、世界观。评价标准细目为：是否喜欢学习，是否养成良好的学习习惯，是否能认真、主动、刻苦地自觉学习，是否勇于克服困难、知难而进，是否具有坚毅的品质和理性精神，是否关心同学、集体并积极响应组织号召，是否有礼貌、尊敬老师等。

（1）个性品质目标的实现依赖于教师的人格魅力与学识魅力

教师为人师表，在教学中，以饱满的热情、渊博的学识、精湛的教学艺术感染学生，通过富有爱心的教学语言、语气、表情和手势等方式向学生传递真情实感，让学生通过心理感受，形成对事物善恶、美丑、优劣的评判；根据学情设置科学的教学流程，使学生在探究、发现中获得成功、愉悦的感受，从而不留痕迹地实现情感态度目标。

（2）个性品质目标的实现依赖于教师对教学价值的追求

教师对教学价值的定位与追求决定了学生发展的走向和内在感受，一味追求学生考试成绩的教学，教师往往采取一些急功近利的措施，忽视知识发生、发展的过程，注重解题技能的训练，循环往复，使学生对数学产生厌烦或畏惧感；以追求学生发展为核心价值的教学，学生能感受到知识生成过程的乐趣和知识应用的价值，激发学生主动学习的兴趣与信心。

（3）个性品质目标的实现依赖于教师精湛的教学技艺

教学是一门艺术，精湛的教学艺术不仅在于对教学内容序列的合理编排，还在于在学生学习进程中，对学生学情的掌控和主动性的激发，使学生在克服一定困难后，获得体验成功的喜悦，从而增加对学习数学的自信心。

在教学中，应有意识地为学生创设一些发现、创新的情境。例如，针对不同知识程度和能力水平的学生，课堂所提的问题应是相应层面学生的"最近发展区"，课堂练习题的编排应保持一定的梯度，使学生都可以获得相应的成功；教学的题材尽量来自学生，如将学生中好的解题方法进行推广等；课堂上学生回答问题和解题产生了错误，但仍有某个部分是正确的，教师在纠正其错误后，应肯定学生的正确部分；教师还要通过各种机会和手段，运用各种契机，使每一个学生都体验到成功，尤其是克服困难之后的成功，学生一旦尝到学习成功的乐趣，就能使学习动机获得强化，又有助于自信心的确立、自我效能感的增强。

（4）个性品质目标的实现依赖于学生对知识的深刻感悟

创设民主和谐的心理环境首先要建立融洽的师生关系。师生感情融洽，气氛和谐，给学生生理和感情上一份安全保障，学生没有拘谨感，能主动思考，大胆质疑，敢于申辩，容易发现问题，获得灵感。这时，最佳学习效果才可能产生，由此带来积极的情感体验。融洽的师生关系，可使学生获得指向于教师的热爱、尊敬等积极的情感，教师渊博的学识、认真的态度、刻苦钻研的精神会成为学生乐于效仿的品质，从而产生促使学生进步的力量。在数学教学中，教师要树立正确的师生观，师生形成一种团结、友爱、真诚、理解、尊重、信任、和谐的人际关系，以增强培养个性品质的效果。

其次是实施激励教育。激励教育是通过教师激发学生主动性、主体性的教育行为，使学生满足积极心理需求，从而实现学生的自我激励。在数学教学中，要鼓励学生的进步，即使学生只有微小的进步也要予以表扬和鼓励，使学生获得的成功得到承认、喜悦的情绪得到加强，在进行学习评价时，既要注意评价角度多元化，即不仅评价思维结果，也要注意思维过程、思维方法；既评判又激励，又要注意评价标准的个别化，对不同的学生给予不同的评价，尽量挖掘每个学生的"闪光点"。通过激励，使学生产生积极的情感体验，提升自我价值感。

个性品质的教育，并不是崭新的内容，而是原来的思想品德教育、非智力因素培养教育目标的完善和发展，在数学教学中，需要教师在教学过程中长年累月地辛勤耕耘。然而一旦形成，将对学生终身受益。

"知识"是学生想要获取的"果实"，"能力"是学生获取果实的方法、途径和程序，"个性品质"影响学生认识世界、做事和做人的行为。这些，大部分老师是能够理解的，但是，将"过程与方法"作为目标，不少老师觉得难以理解，经常错误地理解成了教学的过程和方法。学习中获取的知识和在实践中积累的经验又会帮助学生进一步地提升能力，形成高效、快捷、灵活的方法能力和规范性的程序；良好的"个性品质"会帮助学生形成高尚的人格，又会反作用于学生的整个学习过程甚至人生的各个方面，形成积极向上的价值追求。

四、高中数学发展性教学的原则

（一）依理设计知识脉络的原则

这里，"理"是指逻辑演绎之理、合情探索之理，对于由归纳、提炼、概括得到的数学原理，在教学中，以典型、生动、直观的个例，让学生观察、感知，通过辨析、提炼，经历从具体到抽象、从感性认识发展为理性认识的过程，经过加工、抽象，形成数学原理；对于由严谨推理论证而导出的数学原理，将抽象的论证过程尽量直观化，或者通过不同的论证方法，增强学生对原理的认知。

（二）激发学生主动探索的原则

人们对事物的认识过程由简单到复杂、由直观到抽象、由低级到高级螺旋式上升，学生对数学原理的认识同样遵循这一规律。在数学命题教学中，根据学生的知识基础和能力水平，教学中很难有一步到位的数学命题，应设置合理的教学层次，逐步提高学生的认识，循序渐进，逐步加深认识。

（三）进行适度技能训练的原则

对原理的巩固要建立在理解的基础上，机械记忆与套用往往只会事倍功半，在数学原理教学中，要弄清该原理描述的是哪些概念之间的什么关系，前提中有什么约束条件，为什么要添加这些约束条件，原理形成过程能否派生出某些数学思想、数学方法。

在数学原理的应用中，学生容易忽视某些约束条件，导致解题屡屡出错，其根源是没有理解给出限制条件的原因。

（四）重视个性品质养成的原则

教师引导学生发现的共性应当是正确、可靠的，引用的事实有根据；提出的原理合情理，并且语言规范、排除歧义；得出的论断应逻辑性强、正确无误。

使学生从中了解科学方法、培养科学态度，在引入、概括数学原理的过程中，结合社会、生活实际及学生的思想实际，适时进行品德教育，鼓励其勤奋学习，发挥教材的内在思想性和教育功能，培养其辩证唯物主义观点。

在学习、探究、生成知识的进程中，使学生感受到发现知识的乐趣，将原有的使命性学习逐渐转化为兴趣式学习，从而激发学生学习的内在动力，促进学生优秀个性品质的养成。

在求解论证过程中，培养学生勇于探索、理性分析和坚毅的品质，特别是在求解一些书写较大的问题时，教师应适时进行鼓励和点拨。

五、高中数学发展性教学的特征

高中数学发展性教学的基本特征：高中数学发展性教学以追求学生主动发展为目标，注重激发、养成、提升学习主体的主观能动性，追求由知识、能力和个性品质等要素构成的个体发展力的提高，使学习过程更多体现为主动性，学习结果更多体现为研究性和创造性。由此，高中数学发展性教学的基本特征是：主动参与、重视过程、尊重差异、有效互动、体验成功。

（一）主动参与

学习活动是通过一系列主动的建构过程完成的，而这一建构又是在已有的知识经验的基础上进行的，学生参与从提出问题、分析问题、解决问题到形成结论的主动性和深度、广度是衡量发展性教学的重要指标，这就要求教师根据学生的知识水平、能力水平、认知水平等实际因素，设计符合学生"最近发展区"的学习素材，学生通过思考、操作、探究等活动完成知识建构。

（二）重视过程

这里的过程是指学习过程，是学生理解问题、分析问题、解决问题的认知建构过程，根据学习内容的难度和学情，学习过程的预设可以有一定差异，有的学习内容（如等差数列）可以在弹性预设的前提下，学生根据教师提供的问题情境，经过自主探究活动达成学习目标，此时学生的学习活动呈现出一定的研究性，思维方式较多为归纳或类比；多数学习内容需要在教师的精心设计下，呈现出递进式的问题链，在师生以及学生的互动中达成学习目标。无论采用哪种教学方式，关键是学生思维活动能够体现在知识的生成过程中，并在这一过程中发表自己的见解，了解数学研究的方法，形成一定的数学能力。

（三）尊重差异

每个学生的知识基础都存在一些差异，能力也有不同的倾向，个性品质也有区别，正因为存在这些差异，才使学生成为一个个不同的个体。尊重差异有三个方面的含义：一是不歧视，尊重每个个体，每个学生在人格上是平等的；二是使每个学生都能得到长足发展，由于个体差异性的存在，教学目标的定位以及教学方法的选择在考虑多数学生的同时，要兼顾差异两极，目标过高或过低都不是尊重的体现；三是承认学生发展的独特性，发现、关注学生的特性，使学生的特性得到发展。

（四）有效互动

教学过程实质上是师生之间、学生之间在知识、思维、情感等方面的互动过程，互动的目的在于促进学生对知识的理解，发展认知能力，提升自身发展力。有效互动的前提首先是自主、独立基础上的互动，学生有了自己的独立思考与独立判断，互动才更具意义；其次要营造师生之间，学生之间的民主、平等的关系，为学生互动交流、展示提供良好条件。学生之间互动内容最好是思维冲突最激烈的地方，是知识、方法、思想形成的关键点，这时的互动更具价值；师生之间的互动重在点拨，贵在激励，要兼顾好、中、差三个层面，并注意激发、保护学生的积极性。

（五）体验成功

"作为成功的学习者"，是每个学生的共同愿望。成功的体验，能为学生积极主动地学习行为提供强劲的动力，有利于学生养成良好的态度、愉悦的情绪、友好的情感，有利于学生坚定理想和信念，有利于形成优秀的个性品质，经常性的成功能够激励人的意志。有人说，"失败是成功之母"，这句话要辩证地看，更多地从激励作用去理解，经常性的失败能挫伤人的信心。因此，发展性教学要关注学困生的学情，教师要把握好教学难度，设计好知识、思维与运算的递进梯度，以使学困生掌握必要的基础知识和基本技能，此外还要在课堂内外对学困生进行必要的辅导与关爱。

第二节 高中数学发展性教学的实施

一、教学目标的开放与封闭

根据现行课程标准编制的各种版本教科书，每个单元的教学任务、目标是明确的，教学内容是具体的，教学时数是一定的。也就是说，教学内容、教学目标和教学时数等要素构成了一个完整的封闭系统，教师在进行教学设计时，要综合考虑教学内容的难易、学情、学生活动时间等因素，预设一个流程，在教学实施过程中，要确保这个要素系统的落实。这些在以教师为中心的讲授式教学中，基本能够得到保障；但是在以学生为主体、教师为主导的课程理念下，由于学生知识程度、能力、心理等因素，往往使得学生活动的耗时具有不可掌控性，出现课堂严重延时或者远不能完成教学目标等现象。因而，有人提出开放式教学，就是根据学情，教学进行到哪里，就到哪里结束，目标与任务的达成呈现随机状态。

那么，接下来的问题是，剩下的教学任务在什么时间来完成？如果这一个例成为常态，是否会挤占学生过多时间？显然，完全的开放式教学不符合中学实际。教学工作的首要任务是在规定的时间里完成教学任务，在此前提下，教师在备课时，对教学内容进行恰当处理，设计出合理的教学流程。

学科的课时是有限的，没有每课时教学目标的圆满完成，就很难有阶段目标的完成和课程目标的实现。因此，提倡开放式目标是不现实的。

二、师生地位的主导与主体

教师主导作用和学生主体地位通常被认为是教学活动的"双中心"，教师的主导作用体现在预设精练的问题上，并以问题链推动学生思考，主导不是灌输，而是导引、激励；学生的主体地位体现在积极主动思考、探索上。

在实践操作中，有的教师把学生主体地位理解为学生的动嘴、动手活动，从而出现一些徒有形式的所谓学生活动，如一节课搞四五次形式上的合作讨论，或者在讲台上板演练，或者在学案上演算；学生活动的形式有了，偏偏没有在学生活动的要点上下功夫，没有抓住知识生成与发展这一关键，之所以出现"捡了芝麻，丢了西瓜"的现象，原因在于没有抓住教学重点。

现在，有些地方实施学案导学，把学案变成了概念、公式的摘录本，练习的演练本，把机械地移抄和练习当作"主体"地位的体现，失去了知识生动活泼的生成、发展过程，把识记变成了记忆，学生主体地位的体现不是看学生是否在动，而是看其动的是否有价值、有意义。

在数学中，概念课的关键在于该概念的抽象、概括过程以及定义过程，经历该过程，对于学生形式化思维的训练具有重要作用，是发展创新意识和提升创新能力的重要材料；数学定理、公式及其一些重要命题的形成是培养学生类比、归纳、推理论证能力和探究能力的优质材料，对于这类课的教学，不宜采用预习、讲授等方式进行教学，要将知识生成、发展的过程精心设计成问题链，以问题链激发学生不断地探究。

三、教学方式的讲解与探究

《高中数学课程标准》中指出，学生对数学概念、结论、技能的学习不应只限于接受、记忆、模仿和练习，还提倡自主探索、动手实践、合作交流、阅读自学等学习数学的方式，该《标准》并没有割裂其倡导的学习方式与传统学习方式，从语句表述上看是一种并列关系；在常态教学中，教师大多依然采用讲授式教学，只是更多注重对问题的剖析，重视暴露思维过程和师生互动。客观地说，高中数学教学离不开讲授式教学法，这与教学内容的难度、学情等密切相关，问题的关键在于讲什么、怎么讲，讲授与探究，哪种方式更好，这完全要视教学内容的难度和学情而定，不能一概而论。一节课，有的内容可以组织学生探究发现，有的内容就需要教师讲授解析。

教学方法的选择与执教者的教学理念、学情等因素高度相关，教师在备课时，要考虑的重要问题之一便是学情。用一个很好的教学设计进行教学，在不同群体的效果是不一样的，基础好的班可能显得过于简单，基础差的班可能推不动，这正是在信息技术高度发达的现代社会，不能由少数优秀教师上课，再由信息技术转播的主要原因之一。

学生自主探究要有合适的内容，要合乎学情，探究的内容并不一定是全程的，也可以是局部的。事实上，探究式教学分全程探究和局部探究两类，选择哪种探究方式，要考虑的关键因素是教学内容和学生实际，要有利于教学任务的完成和学生的发展，在探究式教学中，教师要将教学内容提炼成若干个梯级探究问题，形成问题链，让学生在问题链的不断解决中获得新知和能力的发展。

在《平面向量数量积的物理意义及其含义》的教学中，数量积概念、性质、运算律的生成是重点内容，可组织学生进行一定的探究，而运算律的证明是本节课的难点，尤其是分配律的证明不适合学生自主探究，可以在教师的分析引导下，理清证明思路，再由学生完成。

笔者主张教学活动以"问题链+核心探究"的方式展开，就是教师将学习内容设计成若干个探究问题，形成梯级问题链，层层递进，在师生互动中逐个探讨解决，对其中最具思维价值和探究意义的问题，让学生合作探究，生成结论，此种方式兼顾教师主导作用和学生主体地位双中心，有利于达成教学目标。

四、学生活动的形式与实质

学生学习活动有两种形式：一种是内蕴式的思维活动，通过一定的教学组织形式，学生在教师主导下，通过不断地思维活动对知识进行认知、内化，其认知结果没有外显，此时，教师无法监控学生认知效果；另一种是外显性的学生活动，学生通过纸笔、口述、板书等方式将思维结果显示，此时，教师可观察显示出来的结果，进行调节反馈。

在教学中，学生活动的主要目的在于使学生在探究过程中，获得数学知识发生、发展的体验，在体验与感悟中升华对知识发生、发展的本质的理解，提升创新意识，发展创新能力。因而，要将学生探究活动置于每节课最有思维价值的一些环节，不要做一些无意义的所谓"探究"。

五、教学质量的能力与分数

分数是解题水平的反映，解题需要能力，也需要技巧，包括解题速度、表述格式、答题技巧、分析技巧等都需要训练，就像学车一样，就那几个操作要点，非要一年半载的工夫才能做到游刃有余。能力强的人需要经过解题技能的训练才能取得高分数，高分数的人的能力不一定都强，可以通过技能训练提升考试分数，所以，以分数作为能力评价的数量标准显然欠妥。

教育就是育人，教学就是通过学生对学科知识的学习，达到在掌握进一步学习所必备的基础知识的同时，发展能力提升品质的目的。这本与分数毫不相干，但自从用分数来衡量育人效果时就变了味，显然，对知识掌握、了解的程度可以用分数来衡量，但是，能力和品质就无法用解题所得分数来衡量，一衡量就走样，就出问题。

例如，在《平面向量数量积的物理意义及其含义》这节课中，有概念生成需要经历概括、类比、抽象等思维过程，运算律产生需要经历类比过程，对这些过程的经历而产生的体验对学生思维具有积极意义，对创新意识和探索精神的培养有重要价值，教育的真正价值就在这里。如果追求分数，忽视知识发生发展的这一生动过程，很短时间里讲授了概念和运算律，然后进行解题训练，考的分数比前者还高，但对学生发展的促进作用不大。

因此，要研究评价教学效果的科学标准，融入对学生学科主要素质和课程目标达成度的考查。

第三节　高中数学发展性教学的基本思路

与初中数学内容相比，高中数学教学内容的形式化水平高，较为抽象，运算量大，推理求证能力要求较高，因此，部分学生出现学习数学较为困难的现象。在教学中，选用何种教学方式，要考虑包括学情、内容难易、知识量、学生活动耗时在内的诸多因素。

目前，高中数学教学出现两种现象：一种是纯粹的讲授式教学，一般能够保证单位时间内教学任务的完成，但学生被动，不利于学生发展；另一种是在一些示范课、观摩课、研讨课等公开课中，为了体现课程教学理念，组织学生开展的合作学习、探究学习活动，然而，在这些公开课中，经常出现抽调基础好的学生上课的现象，有的为了"探究"，大大拖延了教学时间，单位课时内未完成教学任务。

因此，为了较好地解决上一节论述的诸多矛盾问题，教师要综合考虑各个限制因素，根据学生的知识水平、理解能力、思维能力等方面的不同水平，进行教学定位，包括内容选择、问题设置、教法应用、活动形式等。

目标定位在追求学生主动发展、激发并养成学习的主动性上，定位在追求由知识、能力和个性品质等要素构成的学生发展力的提高上。通过教师主导的教学活动和学生的主动学习、探究等活动的相互作用，使学习过程更多地体现为主动探究，学习结果更多地体现为研究创造。

由此，在教学设计时，有意识地将"接受—理解—应用"式学习转变为"理解—发现—应用"式学习，尤其是高中数学基础理论课，要实现这一转变。

在此理念下，我们形成了问题导学这一基本思路。

一、构建高中数学发展性教学模式的基本认知

教学是以一定的教学内容为载体，通过有效的教学手段，实现教学目标的过程，因此，教学有三大要素，就是教学的目标、内容与方法。在教学实践中，三大要素的确定因执教者素质的不同出现显著差异，在同课异构活动中经常见到此类现象，尤其是教学方法运用上更为突出。在三大要素中，虽然教学内容与目标具有相对的稳定性，但依然因执教者的专业素养出现一定的差异，比如教学内容中情境的设置、例（习）题的选择与编拟等。

教学活动是由教师的"教"与学生的"学"构成的一个相互作用的统一体，其目的在于促进学生的发展，在高中数学教与学的活动中，思维活动是核心，因而，学生发展的核心就是思维的发展。

教学过程是教师围绕教学目标，组织学生进行积极的、有效的、动态的思维过程，在这一过程中，生成了知识、发展了能力、强化了品质，它以促进学生主动发展为中心的教学活动，使课堂的中心呈多元、动态的形式，数学学习的方式是多样的，可以是学生自学，可以是教师讲授，还可以以探究的方式进行，笔者最推崇的方式是后者，即以问题驱动为主体的探究式教学。但由于高中数学内容的抽象性与学生学习水平之间的差异，致使高中数学教学很难逾越以教师讲解为主的教学方式。

二、高中数学教学的现实矛盾

课程理念倡导数学教学以学生的发展为本，提倡"自主、合作、探究"的学习方式；在数学教学实践中，勇于探索者一直努力践行着对课程理念和数学教育本真的追求，寻找着教育理念与教学现实有机结合的途径和方式，探寻着使数学教育价值最大化的思路与方法，但在实践中，遇到许多现实问题，难以实现质的突破，依然是教师讲的时间多，学生尝试探究的时间少，究其原因，主要在于：

矛盾一，目标追求的矛盾。以课程理念为追求目标的教学，其核心在于追求学生主体的协调发展，包括提出问题、分析问题、解决问题的能力和创新能力的发展，对知识应用的熟练性、规范性、准确性等要求居于次要位置；而普通高中教育要直接面对高考，高考又具有一定的竞技性，在知识表述的规范性和问题解决的熟练性上要求较高，因而，以高考为追求目标的教学，则以知识应用的熟练性、解决问题的准确性和表述的规范性为目标，从而导致许多教师在有限的教学时间内，压缩知识发生发展过程的教学，大大增加了解题教学和解题训练。

矛盾二，学生差异的矛盾。客观地说，学生之间存在学习态度、知识水平和能力的差异，这种差异在学生主体性活动中，尤其是知识的自主建构过程中，出现了显著分化，好的越来越好，弱的越来越弱，我们又是大班教学，教师较难及时跟踪每位学生的学习状态，尤其是对学困生的指导与答疑解惑力度不够，课后也不易找到时间弥补。

矛盾三，教学耗时的矛盾。目前，高中数学教学容量偏大，难度不小，学生主体性活动耗费时间往往是教师讲授的几倍，若进行全程性的学生主体探究活动，耗时较多，教学时间会严重不足。

上述问题概括起来，实质上涉及教学中若干关系的处理，如教师主导与学生主体的协调问题、知识熟练度与自主建构的权重分配问题、讲授式教学与探究式教学的选用问题，这些问题的本质，在于课堂教学中学生活动的量与质的问题，最后都归结到教学时间上。因此，构建符合目前实际的教学模式，必须明确下面两个问题：一是数学教学时间是有限的，因而学生活动应有时间上的限定，避免耗费过多时间；二是学生学习活动主要获得的是间接经验，而不是直接经验，没有必要也不可能处处探究。

在教学的主要要素中，教学内容是相对稳定的，但教学方法会因执教者教育理念的差异出现一定区别，同时，因教法的不同致使达成教学目标的侧重点也不同。在同课异构活动中，经常见到因执教者素质和教育价值观的不同，导致其教学组织方式、教学内容的选择与编排、问题解决思路的破解方式以及教学价值取向等方面出现一定的差异。

数学教育的意义远远不仅是知识的传承，在启迪心智、养成科学精神方面具有更加重要的作用，这个意义是深刻的、长远的，学生要通过适当的"自主探索、动手实践、合作交流、阅读自学"的学习方式，在知识获取、能力发展、个性品质优化、价值观形成等方面得到有效发展。在现实面前，完全的讲授式和完全的合作探究式教学都是不可取的，一节课，可能时而讨论、时而探究、时而讲解、时而演练，必须根据具体的学情和教学内容而定。教师要防止认识和行动上的绝对化，一涉及课标理念下的教学，就必然是合作、探究，否定必要的讲解，甚至将在问题引领下的师生互动教学也予以否定，这是不正确的。

三、高中数学发展性教学的课堂结构

不同的教育思想、教学理论和学习理论产生不同的教学方式，教学方式是为达成教学目标而采用的办法，它包括教师教的方法和学生学的方法，由课堂教学结构和教学方式有机结合，形成的较为稳定教学活动的程序框架和教学内容的处理方法就是教学模式。如上海顾泠沅小组的"尝试指导，效果回授"教学模式，其程序是诱导、尝试、归纳、变式、回授；中科院心理研究所卢仲衡的"自学辅导教学法"，其程序是启（发）、（阅）读、练（习）、知（当时结果）、（小）结；江苏省特级教师邱学华的"尝试教学法"，其程序是：准备练习、出示尝试题、自学课本、尝试练习、学生讨论、教师讲解、第二次尝试练习。

由前述关于学生发展力的调查可知，学生发展力形成的因素既有内在元素，也有外在元素，两种元素的同时作用促进着学生的发展。从教与学的两个相关方面来看，教师作为教学的主导者，尽可能多地调动自身的元素，引导、激励学生学习，这种元素包括知识元素、情感元素、教法元素等。

此外，我们还需构建一种适合发展性教学理念的课堂教学结构，以增强实施这一理念的教学的可操作性，基于此，我们继续分析发展性教学的一些要素。在发展性教学理念下，根据不同教学内容、学生基础和知识难度，构建以促进学生发展为内核的教学方式，使学生的学习活动具有更多的主动、自主、探索、交流、发现、质疑等要素。

根据高中数学教学内容，将数学课大致可以分为概念课、原理课、习题课、复习课、讲评课、应用课等课型，课型不同，其教学目标指向与教育功能不尽相同。根据各类课型的不同特点，在对这些课型的教学策略、教学方式进行精细化研究的基础上，提炼出高中数学发展性教学的程序（课堂结构）是：

情境（创设）—辨析（探究）—生成（结论）—应用（巩固）—（深化）拓展—（提炼）小结。

其核心在于或者让学生亲历、体验思维过程，或者由教师揭示、学生感悟思维过程。

四、高中数学发展性教学的实施要点

发展性教学立足于学生主体地位的充分体现，因而，在知识生成、问题解决过程中，需要激励学生深度参与其中。所以，在以问题导学、师生互动生成知识的总体流程下，有机融入学生核心活动，如核心探究、主题探究、数学实验、数学发现、数学创新等。另外，针对学有余力的学生，对知识进行必要拓展，以发展学生的能力；对学差生进行必要的跟进辅导，及时弥补认知缺陷。

第六章 高中数学"问题"式教学

第一节 数学教学中"问题"的设计

"问题驱动"离不开课堂问题这一重要的载体,亚里士多德有一句名言:"思维从疑问和惊讶开始。"苏霍姆林斯基也说过:"你要尽量使你的学生看到、感觉到、触摸到他们不懂的东西,使他们面前出现疑问,如果你能做到这一点,事情就成功了一半。"由此可见,问题在数学的学习中有着举足轻重的作用。

一、"问题"的设计原则

为了达到设置课堂问题的初衷,课堂问题的设计一般要遵循以下一些原则。

(一) 目标性

课堂问题的设计应紧紧围绕每节课的教学目标和学生的实际,要有助于新的数学概念和数学结论的生成,有助于学生理解概念、辨析疑难、纠正错误、完善认知结构等。

(二) 科学性

课堂问题的设计,从情境素材到具体内容都应是真实可信的,不违背科学规律,要注重体现科学思想,易于构建数学模型。同时,问题的表述要清楚精练,没有歧义,便于学生理解与探究。

(三) 发展性

课堂问题的设计要符合学生的一般认知规律、身心发展规律,要在学生思维的最近发展区内,既不能让学生有望而生畏之感,又不能让学生有不动脑筋就能轻易答出的懈怠,要让学生感到"三分生,七分熟,跳一跳,摘得到",让学生在探究问题的过程中发展自己的能力。

（四）启发性

课堂问题的设计要抓住教学内容的内在矛盾，把握时机，在新旧知识的结合点处设疑置难，使学生达到心求通而不解、口欲言而不能的"愤""悱"状态，从而激发学生积极地进行思维活动。

（五）思维性

数学课上的问题，特别要体现其思维价值，要克服问题"多""浅""碎"的常见不足，要让学生有所思、有所想，以培养学生的思维能力。

（六）逻辑性

数学课上的问题，通常要遵循由特殊到一般再到特殊的认知顺序，设计问题时，要结合教学内容的层次性和系统性，尽量做到由浅入深、由简到繁、环环相扣、层层递进，以体现其内在的逻辑性。

（七）统领性

作为一节课的总起性问题，通常要有统领全局的功能，能站在一个较高的高度来引领本节课的教与学。

（八）挑战性

课堂问题要能引起学生的认知冲突和学习心向，能激发学生的学习兴趣，促进学生积极参与，接受问题的挑战。

（九）层次性

课堂问题要面向全体学生，注重调动每一个学生的学习积极性，尽量做到人人参与、个个有收获。同时，问题也要体现层次性，让不同的学生能得到不同的发展。

二、问题情境的设计与运用

关于问题情境，目前出现的理解较多，概括起来有两大类：问题—情境、情境—问题。"问题—情境"是指：先有数学问题，然后是数学知识产生或应用的具体情境。"情境—问题"是指：先有具体的情境，由情境提出数学问题，为了解决问题而建立数学。其实，两种理解没有截然的区别，核心都是通过问题情境提出问题，情境与问题融合在一起，问题是教学设计的核心。

从教学内容看，问题情境大致可以分为实际背景、数学背景、文化背景等。实际背景包括现实生活的情境数学模型（概念、公式、法则），数学背景包括数学内部规律、数学内部矛盾，文化背景可以分解为上面两类。

从呈现方式看，问题情境包括叙述、活动、实物、问题、图形、游戏、欣赏等。

从所处的教学环节看，问题情境包括引入新课的情境、过程展开的情境、回顾反思的情境等。

三、将教学目标转化为课堂问题的常用策略

实现预期的教学目标是每节课教学的目的所在，而教学目标的达成既不是通过投影片的播放来实现的，也不是通过学生的朗读来实现的，应寓于教师设置的教学氛围及教学活动中自然实现。

在教学中，如果把教学目标转化为恰当的问题，用问题来驱动学生主动学习，能将学生推到解决问题的前台，凸显学生的主体地位，是值得肯定的一种教学方法。

四、对设计与使用问题串的几点感悟

（一）问题串的使用要立足学生实际

设计与运用问题串是一种教学策略，意图是要搭建一个平台，把学生推到解决问题的前台，既然是以学生为主体，问题串的设计当然得要针对学生的实际。一是要立足学生的认知基础，问题的提出要建立在学生已有知识与方法的基础之上；二是要立足学生的数学基础，不同层次的学校与班级，围绕同一个主题而设计的问题串应有所不同，对于基础比较薄弱的学生，在设计问题串时则要做到起点低些、步子慢些、难度小些、答案少些。

（二）根据需要设计多样化的问题串

在实际教学中，我们可以根据不同的教学环节或不同的教学需要来设计多样化的问题串。例如，在课题引入中可设计生活化的问题串，把问题串与学生实际或学生已有的生活经验联系起来，为问题串提供生活背景，这样不仅能营造轻松的教学氛围，还有利于激发学生旺盛的求知欲；在知识建构中可设计精细化的问题串，把问题化大为小，化抽象为具体，精细成具有一定梯度和逻辑结构的问题串，使学习的目标具体化，知识的构建层次化，思维的活动缜密化，以获得较为清晰的新知；在概念辨析中可设计比较性的问题串，

引导学生分析与对比，抓住知识的共性和个性，有利于学生甄别知识之间的细微差别；在问题解决中可设计探究性的问题串，对问题提供的信息进行重组或深度加工，引导学生挖掘问题的本质特征，不断探索解决问题的方法和策略；在例题教学中可设计变式性的问题串，改变问题的结构、条件或设问方式等，通过对一系列"新"问题的解决，培养学生的发散性思维能力与提炼归纳能力等。

（三）把握好设计问题串的几个原则

首先是难度的适宜性，问题不能太难，要符合学生的一般认知规律、身心发展规律，要在学生思维的最近发展区内，不能让学生有望而生畏之感；问题也不能太简单，不能让学生有不动脑筋就能轻易答出的懈怠，要让学生感到"三分生，七分熟，跳一跳，摘得到"。其次是层次的递进性，设置问题串的目的是引导学生思考，问题之间应有一种层层递进的关系，再次是目标的指向性，从教者的角度来看，每组问题串要有明确的意图，围绕某个主题展开。通过对一系列问题的解决，要能够让学生自我建构出相关的数学概念或原理。最后是设问的自然性，问题的设置不能过于生硬，让人感受不到其自然性，琢磨不透是怎么想到这个问题的。

（四）把握好问题串几个方面的"度"

首先，要把握好子问题的梯度与密度，问题串中子问题的梯度过大或密度过小，容易造成思维障碍，影响教学的顺利推进；相反问题的梯度过小或密度过大，容易造成思维量过小，使得思维价值缺失。其次，要把握好问题的启发与暗示度，问题的启发与暗示度过大，则其思维含量就会降低；相反，问题的启发与暗示度过小，则可能造成课堂气氛沉闷，影响教学效果。最后，要把握好问题的开放与封闭度，问题过于开放，答案五花八门，甚至可能连老师自己都无法界定其正误，则会难以收场；但如果全都是封闭性的问题，学生的创新思维就得不到应有的训练与提高。

第二节　数学教学中"问题"的解决

有了好的课堂问题还远远不够，问题价值的体现还要看问题解决的过程能否将其充分发挥出来，所以问题的解决也是课堂教学的重要一环，本节主要阐述课堂问题解决的常见方式与途径，以及一些教学体会。

一、课堂问题解决的常见方式及途径

一般意义下的"问题解决"指的是按照一定的目标，应用各种认知活动，经过一系列的思维操作，使问题得以解决的过程。用认知心理学的术语来说，问题解决就是在问题空间中进行搜索，以便从问题的初始状态达到目标状态的思维过程。所谓问题空间，是指问题解决者对所要解决的问题的初始状态和目标状态，以及如何从初始状态过渡到目标状态的认识。

基于"问题驱动"的课堂教学中的问题解决，是指当老师或学生提出问题后，学生（或师生共同参与）思考问题、探究问题，直至解决问题的过程，通常要得到明确的答案与结果。

（一）课堂问题解决的途径与方式的含义

所谓课堂问题解决的途径与方式，即指在课堂教学中，当问题明确后，教师如何引导学生进入思维状态，问题的答案与结果如何展示，教师的角色与作用又是什么，怎样做才能尽可能地发挥学生的主体作用，如何处理比较有效，等等。

（二）课堂问题解决的常见途径与方式

在高中数学课堂上，课堂问题解决的途径与方式主要有以下几种：

第一，学生独立解决。这种解决方式通常是老师明确问题后，不做任何提示，学生通过独立思考、自主学习、自我演算、独自探究等途径解决问题，常见的方式有：集体回答、个别回答、学生板演、学生展示、投影成果等。

第二，师生共同解决。这种解决方式通常是老师明确问题后，学生独立思考与老师启发相结合，最终解决问题。常见的方式有：师回答生呼应、师启问生回答、生回答师追问、生回答师板书、生回答师纠错、生回答师改进等。

第三，学生合作解决。这种解决方式通常是老师明确问题后，学生先独立思考一会儿，然后小组内合作交流，直至解决问题。常见的方式有：生回答生补充、生回答生纠错、生回答生纠错等。

（三）课堂问题解决的途径与方式的合理选用

在实际教学中，课堂问题解决的途径与方式的选择取决于以下几个方面的因素：

1. 学生的基础

通常，如果学生的数学基础较好，那么更多地应选择学生独立解决问题的方式；而如果学生的数学基础一般或较差，那么更多地应选择师生共同解决或学生合作解决问题的方式。

2. 问题的难度

如果问题难度较小，通常可一带而过；如果问题难度中等，通常可让学生"跳一跳"，尽量让他们自己去解决问题；如果问题难度较大，则宜共同解决，甚至可以分散难点，或做必要的铺垫或启发等。

3. 问题的思维价值

对于有较高思维价值的问题，如一节课当中的核心问题，最好让学生独立解决或合作解决，只有当学生遇到困难且无法解决时，老师才做适当的提示以搭建必要的"脚手架"，但最终仍由学生自己解决问题。

二、教师在问题解决过程中的角色与作用

在"问题驱动"下的课堂教学中，教师的主导作用不是削弱了而是提高了，其角色与作用主要体现在以下几个方面：

（一）营造氛围

"问题驱动"下的课堂教学是以学生主动参与学习为前提的，这有赖于团结互助的学习环境。为此，老师要营造民主、宽松、和谐的课堂氛围，以有利于学生主体的活化与能动性的发挥。

（二）调控启发

在课堂教学中，教师不仅要运用各种途径和手段启发学生的思维，还要能"眼观六路，耳听八方""听其言，观其行"，接收从学生身上发出的反馈信息，并及时做出相应的控制调节，对于学生普遍感到有困难的问题，老师要给予恰当的启发。

（三）个别指导

因学生个体存在差异，在自主学习的过程中，有的学生会出现这样或那样的困难。此时，教师可以进行个别指导，个别指导的过程要体现出教师的爱心、真心，这有助于师生之间的沟通交流，有助于形成民主和谐的课堂气氛，这样做往往能产生意想不到的教学效果。

（四）反馈评价

对于从学生那里获得的反馈信息，教师应做出及时而准确的评价。教师恰到好处的表扬与赞许能使学生的思维活动得到强化，而教师恰如其分的批评或否定，也会使学生的错

误思维得到及时纠正。

三、课堂问题解决过程中通常需要注意的问题

在课堂问题解决的过程中，通常要注意以下几个方面的问题。

（一）过早出现课题

在新授课中，课题的过早出现有时对学生会有提示作用，会削弱问题的探究价值，所以在课堂上，建议等到相关概念与原理生成之后才将课题逐步示出，若制作课件，开头也尽量不要出现课题。

（二）不要预习

对于新授课来说，课前预习了，不仅会出现学生不用动脑筋就能知道一些问题的结果，而且还会出现在时机未成熟之前就有学生说出新的概念或原理的现象，破坏了知识的自然生成。所以，教学新授课不宜布置学生预习。

（三）明确问题

要达到探究的效果，首先要引起学生的充分注意，老师可以说"下面请大家思考这样的一个问题"或"请看问题 X"；其次，问题地给出要清楚醒目，表达要干脆，尽量不重复，有条件的可用投影显示出来。

（四）充分思考

问题给出后必须留有足够的时间让学生思考，一般地，有探究价值的问题的思考时间应不少于 20 秒钟。学生思考时，老师尽量不做任何提示，以免干扰和束缚学生的思维。若采用合作学习的方式，则应在个人充分思考的基础上再进行互相交流。

（五）及时评价

对于学生的回答，老师要及时做出点评，除了要明确学生的答案是否正确外，通常还要深层次地评价学生的思维状况，如其想法是否合理、哪些具有可行性等。更多地，老师要从鼓励的角度来肯定学生的见解。

四、问题探究要建立在充分体验的基础之上

如何有效开展课堂的探究活动的确是困扰我们广大一线教师的实际问题，众所周知，从学生长远发展的角度来看，要经常组织一些课堂探究活动，但这样做会影响正常的教学

进度，因为探究活动组织得不好就会出现冷场的现象。那么，如何做才能使得探究活动得以顺利进行呢？

（一）找准合适的探究切入点

《普通高中数学课程标准》中指出："学生的数学学习活动不应只限于接受、记忆、模仿和练习，高中数学课程还应倡导自主探究、动手实践、合作交流、阅读自学等学习数学的方式。所以在教学过程中，我们应尽量设置一些探究活动，使学生的学习过程成为在教师引导下的'再创造'过程，但抽象的思考往往会使学生感到无从下手，所以课堂探究活动必须依赖于直观的载体作为探究的切入点。"

（二）确定给力的探究着力点

学生是探究的主体，让绝大多数学生能参与进来的探究才是真正的探究，所以问题的设计要从保护学生的积极性与提升学生的信心入手，不能刚开始就一棍子把学生打闷。为此，我们老师需要确定好探究着力点。

（三）突出切题的探究核心点

学生的探究活动应围绕一节课的核心内容展开，即通过问题的引导，要让学生自己能够建构出相关的概念或结论。

"数系的扩充"这节课的核心内容是实数系的扩充，所以本节课上，设置的核心探究点是：应该给虚数单位做哪些合理的规定。

有专家直言，"数系的扩充"这节课，对于虚数单位的几个规定，如果是老师直接讲给学生的，那就是一节失败的课；而如果是学生在老师的引导下自己探究出来的，那就是一节成功的课。

（四）挖掘隐含的探究活力点

有时，一个不起眼的内容也能激发学生的探究热情，增强课堂的探究活力，所以，作为老师，一方面我们要更新自己的教学理念；另一方面也要善于挖掘这样的探究活力点。

总之，只有让学生先行体验，课堂探究活动才能得以顺利开展。另外，在实施问题探究时，我们既要相信学生，更要了解学生和顺应学生。

第七章 新课程下高中数学教学创新

第一节 高效课堂教学实践

一、新课程对高中数学课堂效率的要求

对于如何创建好高效的高中数学课堂教学模式，新的课程标准要求学生、师生之间通过数学活动进行互动、交流，从而得到共同、全面的发展。针对如何在有限的课堂活动时间内，促进学生对数学知识的理解、对数学方法及思想的掌握并能灵活应用，使得学生在数学认知能力和思维发展方面得到较大的提高，学生能够在学习中愉快地接受数学知识并加强挑战与提高竞争能力，新课程标准下要求高中数学课堂在实施过程中应把握好以下几个方面：

第一，教师对教学目标必须明确；第二，学生能够自主预习并在预习过程中发现问题；第三，小组内部、小组之间对发现的数学问题可以展开合作学习；第四，结合课堂实际能对课堂知识加以拓展延伸；第五，师生能够对当堂课的课堂活动进行总结与评价；第六，生活数学与数学在社会生活的价值得到体现。因此，在一线从事高中数学教学的教育工作者需要在数学课堂落实过程中深刻地贯彻这些理念，这样才能让新课程目标得到顺利的实现，才能让学生成为真正的受益者，最终让我们的教育得到更好的发展与进步。

新课改之后，新课程标准对高中数学高效课堂提出了以下几个方面的标准：

第一，教学目标的层次性。明确教学目标是高效课堂的前提和依据，根据高中数学教材的难易程度和学生的水平分层次设置基础目标、发展目标及高层目标。

第二，教学环节的完整性。情境设置要生动，课堂活动中学生要积极主动地参与才能使课堂教学高效，教法指导要具体，课堂小结要有规律，创新作业要有拓展。

第三，教学评价的激励性。课堂教学的主体是学生，关键要通过激励学生来提高学生的学习积极性。激励又分为负效应、点效应、短效应及长效应。负效应即教师行为失态，

教学失控，讲课时无人理睬；点效应指的是只对个别学生有效地激励；短效应指的是只对部分学生在短时间内有效地激励；长效应指的是对学生长期有效地激励。教师要避免负效应和点效应，优化短效应和长效应。

第四，教学过程的自主性。学生在教师的积极引导、点拨过程中，可以积极主动地参与到课堂活动中来，达到教师、学生之间保持一个有效互动过程。

第五，教学氛围的和谐性。指课堂的氛围和情调，良好的氛围可以促使学生更好地学习。在老师的指导下学生只有动手、动脑、互动，才能达到新课改的要求。作为教师应当充分理解学生并能对他人的教学结果进行反思，通过课堂参与让学生获得对知识学习的积极体验与感受。

二、高效课堂的相关定义

（一）高效的定义

"高效"是对课堂教学活动实现的"质量"与"价值"的判断，是在教学活动中效果、效率、效益达到最大化状态。教学效果是针对现实的教学活动结果和预期的教学目标吻合程度方面的评价。教学目标不是一成不变的，是会随着教育价值观等的发展而发展变化的，教学目标是现阶段基础教育教学的目标，不带有永恒性。教学效率往往用经济学的方法表达：教学效率＝教学产出（效果）/教学投入，或教学效率＝有效教学时间/实际教学时间。教学效益是指在教学活动中的收益和教学活动的价值的全面实现，换句话说，就是指对既定教学目标与特定的社会和个人的教育需求吻合程度方面的评价。社会和个人的教育需求不仅仅包括学生的需求，还包括教师、教育资料等课堂构成要素的需求，是比较广泛的。"高效"就是指这三个方面都达到最佳的状态，即课堂教学活动的理想状态。

（二）高效课堂

"高效课堂"，是指在常态的课堂教学活动中，通过教师的正确引导和学生的积极主动的思维过程，在单位时间里高效能、高效率地完成既定教学任务，促进学生能力发展最大化的课堂教学模式。高效课堂的基本要求：教学设计精当、教师讲课精练有效、学生的主体作用充分发挥、分层教学落实到位、师生关系和谐融洽、教学目标与预期效果较一致。高效课堂的关键是学生，围绕这个关键重新构建两个关系：由传统课堂教学关系中的"唯教"到"唯学"，由传统课堂上师生关系中的"唯师"到"唯生"，也就是教师的目标在于服务学生的成长，课堂上最宝贵的教学资源是学生，"两唯"中的核心是学和学生，倡导"让学习发生在学生的身上"。高效课堂应具备三大特性：主动性、生动性和生成性。

高效课堂是把新课标的三维目标加以具体化变成可操作的，即实现了从知识到兴趣，再到能力提升，最终抵达智慧的飞跃，简单地说，是立足于"学会""会学""乐学""创学"。高效课堂是在追求"四维目标"的基础上，实现更高层次的教育模式，即要求超越原有的知识技能、过程方法、情感态度价值观的三维目标，提升到通达智慧的层面。要求的正是智慧，如果课堂只能给学生知识却不能最终形成智慧，那课堂纵然能够实现"三维目标"，仍旧是有缺陷的，而高效课堂恰好能够较好地补上这个漏洞。高效课堂把"自主、合作、探究"当作研究重点加以阐述和发展，在课堂环节上要求做到有"预习、展示、反馈"，在学习方式上转变为"自学、互学、群学"。高效课堂的核心是"学习能力"的提升，因而高效课堂认为是素质教育的"素质"，其主要内涵就是学习能力，课堂教学一旦仅有知识而离开了对学习能力的培养，这样的课堂是低层次的甚至是应试的课堂教学。高效课堂倡导以培养学生的学习能力为出发点，锻炼学生的自主参与能力——让学生能够动起来，与知识直接对话。这个过程就是"学习"，学习就是经历，即要经历失败、反馈、矫正。

三、高中数学高效课堂的构建

（一）高中数学高效课堂模式的内涵及具体阐述

高中数学高效课堂，结合高中数学的以下几个特点：教学内容和方法的抽象性、严密的逻辑性、知识的系统性和运算的准确性，使学生能够通过课前预习，对课堂所学知识有充分的掌握，在课堂上解决自己所遇到的疑问，而课后则是对课堂知识巩固，将课内与课外进行完美的结合，达到真正的高效课堂。

教学模式就是结合学生的特点和教学素材、目标的特点，在科学的教学理论指导下，设计出合理的教学过程，并给出相应的教学策略和教学方式。教学模式把教学理论抽象出来结合具体的教学经验，为教育工作者提供有效的教学策略和方法。

把以上两个概念结合高效课堂的概念，就得到高中数学高效课堂教学模式的含义，即在每一节数学课上，要结合数学学科的特点，为达到学习效果的高效，设计出的教学过程结构及其相应的教学方式、教学策略。

它的具体阐述如下：

将一节课 45 分钟大致分为三大块，时间划分比例为 5：1：20。

第一环节大概占半个小时时间，此环节要围绕学习目标，由教师组织，各小组学生充分展示互动，产生大讨论，此环节是本节课的主体。展示课上教师要设计恰当的情境引燃学生的激情，激发学生求知的欲望，让学生的展示像干柴烈火一样熊熊燃烧。

展示环节的主体是学生，是学生与学生相互提出问题、小组合作讨论问题、得出结果展示问题的重要环节。在这种课堂上，每个学生都是平等的，每个学生都有发言权，每个学生都能有自己的想法，每个学生都能说出自己的想法。这是一种充满竞争而又非常和谐的课堂，这是一种充满活力、充满生机的课堂。教师要对学生活动及时做出评价，及时引导、点拨学生。教师要尊重每一个学生，要根据学生的课堂表现，灵活地做出调整。展示环节不仅是对知识的展示，更是对知识的升华。

此环节的展示内容主要是针对新知识的预习情况的一个反馈，小组可以通过讲解、小品、相声、话剧、情景剧、快板、歌谣、打油诗等不同的形式把知识展示出来，共同分享学习成果，其中还有学生的点评、纠错、总结。对于一节展示课来说，在短短的半小时内，有如此多的学生参与，有如此多的思维碰撞，有如此多的情感体验，再加上老师的有效点拨、积极评价鼓励和学生的即兴发挥、临场应变，无不显示出这节课之和谐、之高效。

中间环节大致 5 分钟，这个环节的主要任务就是反馈，进一步检查落实情况，全面提升学生的知识、能力、情感等。根据当堂所学内容灵活进行检测，使学生对知识掌握更牢固。

最后 10 分钟的查漏补缺，根据不同课堂的进度及难易程度，此环节时间比较随机，可由老师及学生随机分配，以达到数学课堂的真正高效。

（二）高中数学高效课堂模式的标准及原则

《义务教育数学课程标准》中基于将数学的内涵建立在广义的文化意义上，进而对数学课程性质和课程目标做出全新的定位。围绕数学课程标准的十大理念，高中数学高效课堂教学模式的标准由此制定，这是广大教师必须明确的。在实施高效课堂教学模式时要遵循以下几个重要原则。

1. 科学性原则

数学本身就是一种科学，根据数学的含义可知，数学是关于量的科学，数学是关于演算的科学，数学是关于论证的科学，数学是关于模式的科学。任何模式的实施都必须以科学性为前提，也是本模式实施的最基本原则。构建高效课堂教学模式的理论、流程以及课堂所用的学案等都必须是可信的、科学的。模式的实施过程必须符合学生的认知规律，以先进的教育理论为指导，教学目标要明确，教学内容要准确，教学重难点要突出，教学设计要符合学生的认知与能力。教师掌握科学性原则不仅可以树立正确的数学观和数学教育教学观，还可以把这种数学教育的价值传递给学生。所以，教师在应用高效课堂教学模式时无论是在程序的实施上还是内容的选择上一定要有科学性。

2. 创新性原则

创新已成为现代教育的代名词，高效课堂教学模式正是为了提高课堂效率，改变以往以老师讲解为主的灌输式教学现状，建立以"老师为主导、以学生为主体的"课堂教学的教学模式，不仅是教师在教学过程中的模式、方法、活动有所创新，更重要的是要注重培养学生的创新意识。这种意识的培养正是数学教育的重要任务，我们在平时数学教学中要重点体现出来。数学创新意识是在建立了一定数学知识体系和数学方法体系之后所形成的一种数学发现意念或动机，是一定数学情境下的灵感，为了更好更有效地激发学生的创新意识，教师在教学过程中应做到以下几点：①激发学生的问题意识，教师要根据所授内容，提供一些利于学生思维发展的问题情境，引导学生多思考、多提问，还要有效引导学生，使他们主动积极地去解决提出的问题，从而培养学生解决问题的能力；②注重学生的合情推理，教师在教学过程中要启发学生去考虑知识的来龙去脉，引导学生观察材料，通过类比、分析，归纳、概括和猜想规律，进而加以合理的验证；③发展学生的思维模式教学过程中，教师要给学生足够的空间，让学生思考数学知识及数学方法，交流自己的想法，总结得出结论，布置任务要适度，要布置适合学生能力的任务，让学生不断体验成功的喜悦，最终，学生能形成自己特有的思维模式。

3. 趣味性原则

高中数学是一门逻辑性非常强，并且非常抽象的学科，课堂是学生获得知识的重要场所，教师应该在课堂的方方面面提高趣味性，把学生的兴趣吸引过来，让学生都喜欢上数学。教师在教学过程中应该做到以下几点：①创建温馨和谐的课堂，学生只有在轻松、和谐、温馨、平等的环境下，才能提高学习兴趣、才能促进思维发展、才能对数学充满热情；②教师诙谐幽默、平易近人，学生都喜欢诙谐幽默的老师，老师的幽默感可以驱赶数学课堂的沉闷乏味，可以打开学生的思维，活跃课堂气氛，从而可以促进数学高效课堂的顺利实施。

4. 情感性原则

情感是人对客观事物的内心体验，也是对客观事物是否满足主观需要的评价的反映。传统的课堂模式过于注重知识的传授，忽视学生情感的体验。实施新课改以来，越来越多的教师和课堂开始重视学生能力的培养及情感态度与价值观的培养。每节课的学习目标都是三维目标，都会体现每节课的情感态度与价值观。教师在教学过程中应该做到以下几点：①不但重视在学习过程中引导学生进行积极的情感体验，还要从数学学习之外的活动中不断寻找体验的源泉；②重视学生在数学学习中不断探索、猜测，培养学生积极科学的态度和观念，丰富学生数学学习的情感体验；③不仅培养学生养成独立思考的态度，还要培养师生之间、生生之间的合作学习，让学生体验自学、对学、群学的不同感受。

5. 参与性原则

现在课堂教学提倡以学生为主体、老师为主导，课堂上要充分调动学生的积极性，让学生全身心投入课堂中去。只有学生主动参与到课堂中去，才能实现真正的高效课堂。学生的主动参与，不仅能激发学生的学习兴趣，还能提高学生的学习效率，培养学生积极向上、充满自信的生活态度。

6. 教育性原则

教师的职责不仅是教书，更重要的是育人。我们所实施的高效课堂教学模式不是为了让课堂有多么华丽、有多么新奇，而是想利用这种模式创建一种温馨和谐的环境，能够让学生在这种模式下发现自己的优点，找准自己的定位，能够在每一节课都体现出自己的价值，能够在合作中学习知识，能够在探究中完成任务，能够师生之间互相尊重、学生之间互相帮助，能让学生感受到整个班级就是一个集体就是一个家庭，把每一名学生都培养成充满自信、积极向上的好人才。

（三）构建高中数学高效课堂的策略

构建高中数学的高效课堂，需要教师准备的和学生做的内容非常多，可以从以下几个方面做起：

1. 教师的高效教学

（1）准确把握课堂容量

高中课堂一节课就是 45 分钟的时间，一节课的课堂容量有多大，需要我们准确把握。课堂容量就是教师在课堂上讲解的内容量。对教师来说，课堂容量越大，越容易完成教学进度；对学生来说，课堂容量越小，掌握知识越彻底，理解课堂内容越准确。准确的课堂容量有一个标准，就是一个学期的教学进度，分解到每节课中的内容量。它应该是教师的课堂容量的最小值，否则就不能完成教学进度。每一个学生每一节课都有一个可接受的最大容量，这个最大容量就是教师的课堂容量的最大值，超过这个容量，学生接受不了，教师讲解等于不讲。如何把二者有机地结合起来，找到二者的一个平衡点，既能完成教学进度，又能让学生很好地接受，是每一个教师应该考虑的问题。这个平衡点，就是这节课的准确的课堂容量。

教师首先要在学期开始就对本学期的教学计划和教学进度心中有数，并且将教学进度细化到月、到周、到日，这是教师讲课的标准容量，课堂容量或大或小都不能偏离它太远。然后区分教学内容相对于本班学生的学习难度，最好对每一周、每一节课的难度都心中有数，这样教师就可以根据学习难度合理安排教学容量，学习难度低一些的可以增加容量，学习难度高的可以让容量减少一些；也可以将学习难度高低搭配，让每个课堂都有起伏，每一节课都充满激情。教师还需要了解学生课堂能接受的最大容量，教师的课堂容量以不超过学生课堂能接受的最大容量为前提。所以教师需要经常与学生沟通，了解学生的学习情况，了解学生学习的第一手资料；不间断地批改学生的作业，了解学生对课堂内容的接受程度和接受潜力；不断地有意识地改变课堂容量，观察学生的课堂最大接受容量。课堂容量不是一成不变的，要根据学生的课堂反应随时进行调整，根据学生的变化而发生变化的课堂才是高效的课堂，这样的课堂容量才是准确的课堂容量。

（2）高效组织课堂教学活动

教师在课堂上高效地组织教学是决定课堂高效的主要因素之一，那么教师应该如何来组织课堂呢？

学习是学生的事情，是其他任何人包括教师在内不能代替的，只有学生自己才能解决，所以有效地调动学生的学习积极性就是高效的组织教学。高中数学是一门理论性比较强、比较抽象的学科，和现实的实践生活联系得不多，要想调动学生的课堂学习积极性，就需要动脑筋想一些方法

（3）有效的教学方法

教无定法，教无常法，没有固定的教学方法，只要学生能接受，就是有效的教学方法。一个教师也不能只有一种教学方法，随着教学内容的不同、学生的不同，教师就要采用不同的教学方法。但是教育教学是一门科学、是有规律的、是有方法的，哪种教学方法更有效，可以从以下几点来探讨：

第一，不管采用哪种教学方法，都要以学生为中心，这是素质教育的要求，是信息时代的要求。现代社会已经进入信息时代，各种新知识、新技术、新学科层出不穷，在学校学习的内容只是人生所要掌握内容的一部分，在学校的学习必须要为后学校时代的学习提供方法。这就要求教师在学校不仅教给学生知识，还要教给学生如何掌握知识，只有以学生为中心，围绕学生进行教学，以学生为主体，才能达到这种要求。教师在课堂上不管采用发现式教学法、启发式教学法、合作式教学法等的哪一种教学法，都要围绕具体学生的思维逻辑特点进行，制造有利于学生学习数学的教学情境，帮助、启发学生进行知识的再发现、再创造。教师不仅是知识的传授者，也是学生学习的引导者、组织者和合作者，从某种意义上来说，后者的意义更加重要。学生之间的组织、合作能力与学生的再发现、再创造能力就是学生的素质，是学生离开学校后立足社会的关键。

第二，每个班级里都有50多名学生，每个学生都有不同的思维逻辑特点，都有自己的学习方法，都有自己的学习之路，教师要因材施教，根据学生的特点进行教育。课堂上只有一个教师教学，只能讲解一遍，几十个学生听同一节课，怎么因材施教呢？这就要求教师充分了解班内的每一个学生，课堂上所讲内容尽量适合大多数的学生，或者是适合所

有学生的大多数内容，剩下的小部分内容或者小部分学生可以利用作业或课余辅导来解决。

（4）精心选配适合学生的分层作业

现在的高中学生从高一开始就出现了"课堂认真学习、课下被动地应付作业，每天都很累却收获很小"的现象，以致有的学生出现了学习倦怠现象，逐渐失去了对数学的学习兴趣。

2. 良好的课堂环境

（1）愉快高效的课堂氛围

课堂氛围是课堂教学的土壤，只有土壤肥沃，成功的种子才能茁壮成长。教学，就是教与学，教师的教、学生的学，无论是教还是学，都要在课堂氛围这个环境中才能生根发芽。课堂氛围也需要教学双方当事人教师和学生来共同创造、共同维护，二者缺一不可。

（2）和谐的师生关系

金无足赤，人无完人，教师和学生都是普通人，都有普通人身上的缺点和短处，如果把这些都看在眼里、记在心上，教师和学生之间就没有办法相处，也不可能互相学习了。

如何使教师和学生之间和谐相处呢？那就要求教师和学生都要互相谅解，互相包容。教师要习惯于学生有缺点，没有没有缺点的学生，教师都希望自己教的学生聪明、勤奋、遵守纪律、尊敬师长，事实上是不可能的。"龙生九子，各个不同"，更何况班内的学生来自各个不同的家庭，有不同的家庭教育背景。高中是一个中间教育阶段，是小学、初中教育的延伸。高中学生是一个半成品，带着小学、初中教育的各种习性，经历过不同学校的不同班级的管理、培养，经历过许多教师不同的教学风格的学习，也经历过许多教师的不同管理风格的熏陶，很多学生的学习习惯、学习方法、学习思维已经形成，已经非常习惯于某一种管理模式、某一种教学方法、某一种学习方法，不同学校的学生、不同班级的学生、不同教师教过的学生的习惯是不一样的。这些事实，教师要看在眼里、记在心里，对这一切要坦然地接受。

3. 学生的高效学习

（1）充分的课前预习

充足的课前准备是课堂高效的前提。教师要为学生布置明确的预习作业，让学生的预习活动变得充实而有效，防止预习不到位而引发的课堂教学阻塞。进入高中伊始，学生面对繁重的数学课堂学习会有一定的畏难情绪，教师要利用课前预习环节，引导学生通过自主学习掌握一些基本概念，比如映射、集合、函数等，让学生了解这些概念之间的关系，以及它们之间的异同。学生在充分预习的基础上，会对教师的讲解分析有更清晰的认识，同时，也能与教师的教学思路保持一致，不至于被某个小问题绊住，阻碍学生思维的发展。这样课堂教学效率自然能够得到保证，高效课堂也有了必要的基础。

（2）全程参与

无论是教师的讲解还是学生的交流合作、探究发现、做题反思，都需全程参与，以达到更新旧知、构建新知识体系的目的。

（3）高效的学习方法

学生的学习方法是在教师的指导下，根据自身的思维特点和学习习惯，在潜移默化中培养起来的。由于每个学生的外部环境、自身特点存在差异，因而他们的学习方法也不尽相同。为此，教师要结合所学内容的知识特点和学生的个体差异，有针对性地指导每个学生的学习方法。

（4）师生互动，培养学生创新思维能力

教师的"教"和学生的"学"是相辅相成、相互作用的，在课堂上还应强化师生互动，努力培养学生的数学思维能力和思维品质，提升学生的创新思维能力。同时，加强发散思维训练，培养学生的创新能力，打破墨守成规的思维定式，培养学生的创造性思维意识与能力。教师可通过一题多解和一题多变的方式来培养学生的发散性思维，在教学中用一题多解可变单向思维为多向思维，这一方法对培养学生思维的灵活性和创新能力是比较有效的。

第二节 信息技术与数学教学有效整合

一、信息技术与高中数学教学整合的现状

自教育部提出"班班通、堂堂用"的明确要求后，以"班班通"建设为代表的新一轮信息化环境硬件建设已在全国范围内基本完成，但硬件的建设完成，并不代表应用水平的提高。就目前数学教学的现实而言，还不能认为已经实现了信息技术与学科教学的有效整合。现代信息技术的应用很多情况下还是以教师为中心的传统教学模式加现代化手段为主。

目前公认的信息技术教育应用大体经历了三个发展阶段：计算机辅助教学（CAI）阶段，主要是利用计算机的快速运算、图形动画和仿真等功能辅助教师解决教学中的某些重点难点问题，大多以演示为主；计算机辅助学习（CAL）阶段，计算机的教育应用逐步从辅助教为主转向辅助学为主，也就是强调如何利用计算机作为辅助学生自主学习的工具；信息技术与课程整合（IITC）阶段，在这一阶段，通过将信息技术有效地融合于各学科的

教学过程来营造一种信息化教学环境，实现一种既能发挥教师主导作用又能充分体现学生主体地位的以"自主、探究、合作"为特征的教与学方式，从而把学生的主动性、积极性和创造性充分地发挥出来，使传统的以教师为中心的课堂教学结构发生根本性变革——由教师为中心的教学结构转变为"主导—主体相结合"的教学结构。

二、信息技术与高中数学教学整合的意义

首先，高中数学教学与信息技术整合有利于丰富教学资源。在高中数学教学中，由于数学自身具有较强的抽象性，学生在理解的过程中会加大难度，在与信息技术整合之后，教师可以利用信息技术中的百度等搜索引擎获取到相关的资源，从而为学生在对数学知识进行理解的时候提供帮助，而且还可以利用信息技术加工数学资源。

其次，有助于演示和展示数学知识，将高中数学教学中的教学内容利用信息技术展示出来，可以增强教材的灵活性，打破传统教材的局限。如在"圆锥曲线"教学过程中，教材中的图形都是不可以变动的"死图"，二次曲线的形成过程很难通过这些图形看出来，而且由于教学中黑板、教师的画图技术等局限，导致很难将其形象地画出来，这就给学生的理解加大了难度，而在数学教学和信息技术整合之后，教师在讲解这方面内容的时候就可以使用多媒体技术生动展示出圆锥曲线的形状变化等情况，而且还可以将看似不相关的双曲线、抛物线、椭圆之间的内在联系形象地演示出来，以此来使学生掌握更多的数学知识。

最后，有利于加强学生之间、师生之间的交流合作，教师和学生可以利用信息技术的通信功能、交流功能（如使用 MSN、微信等软件技术）等进行交流，针对学习中遇到的难点共同探讨，使学生及时地解决学习中的疑难，提升学习质量。

三、信息技术与高中数学教学整合的策略

（一）坚持整合的基本原则

信息技术整合高中数学教学的基本原则有三个方面：首先是将信息技术与传统教学方式相结合，实现两者的优势互补，从而促进信息技术的高效利用；其次，对知识点的重要性进行划分和整理，帮助学生建立良好的学习顺序；最后，加强教师与学生的沟通交流。因为教学活动是教师和学生共同完成的，所以两者间的互动对教学质量有很大影响。

（二）使用连续化和动态化的图片教学方式

在高中数学教学的过程中，数学知识的抽象性较强，学生对数学教学中的图片一般有

很高的兴趣。但是在图片处于静止状态下的时候，学生很难将注意力完全集中到图片上，所以要让图片尽量保持动态化和连续化，从而保证学生有效完成相关知识的学习。

（三）让学生的主体地位得以体现

学生是教学活动中的主要参与者，其在教学活动中占有绝对的主体地位。而在教师开展高中数学教学的过程中，经常会忽视学生的主体地位，导致学生失去对数学的兴趣，从而影响教学质量。所以，在使用信息技术整合高中数学教学的过程中，教师必须要让学生的主体地位得到较好体现，从而为教学质量的提升创造必要的条件。

参考文献

［1］孙锋，吴中林主编. 培育中学生数学核心素养的策略与实践［M］. 成都：四川科学技术出版社，2020.

［2］魏平义，潘静，杨永东主编. 高中数学基本理念思考与实践教学［M］. 长春：吉林人民出版社，2020.

［3］徐泽贵. 数学解题思维与能力培养研究［M］. 长春：吉林人民出版社，2020.

［4］刘建保等. 高中学生核心素养培养的理论与实践［M］. 上海：华东师范大学出版社，2020

［5］王国学，黄浩. 高中数学核心素养培养策略［M］. 哈尔滨：黑龙江教育出版社，2019.

［6］拾贝书萃. 高中数学核心素养的培养［M］. 北京：团结出版社，2019.

［7］唐大友. 高中数学直观想象核心素养的培养［M］. 北京：北京教育出版社，2019.

［8］王钱超. 基于默会认识论的高中学生数学核心素养培养研究［M］. 合肥：合肥工业大学出版社，2019.

［9］于利合. 核心素养理念下的高中数学教学策略［M］. 长春：吉林人民出版社，2019.

［10］钱洲军主编. 探路学科核心素养培养校本化［M］. 宁波：宁波出版社，2019.

［11］王运贵编著. 高中生物学学科核心素养教学指导［M］. 青岛：青岛出版社，2019.

［12］章才根主编. 共同的思考：2018 年宁波市基础教育优秀教学论文（上）［M］. 宁波：宁波出版社，2019.

［13］鱼霞主编. 首届北京名师名校长论坛论文集 3［M］. 北京：知识产权出版社，2019.

［14］蔺治萍主编. 高中数学核心素养的培养［M］. 陕西师范大学出版总社，2018.

［15］张金良主编. 名师面对面之数学核心素养谈［M］. 杭州：浙江教育出版社，2018.

［16］白志峰. 追课实录——高中数学课堂内外教育教学探索［M］. 北京：北京理工大学出版社，2018.

［17］田树林，刘强. 思维进阶常态课不能绕过的素养［M］. 北京：光明日报出版社，

2018.

［18］偶伟国. 以探究领略数学思维之美——基于素养培养的探究式教学研究［M］. 苏州大学出版社，2017.

［19］谢锦辉主编. 数学文化与高中数学学习［M］. 广州：广东高等教育出版社，2017.

［20］方建军，项恒鹏，杨海亮. 培养走向世界的现代中国人——基于学生核心素养发展的教育教学实录［M］. 长春：东北师范大学出版社，2017.

［21］章建跃. 章建跃数学教育随想录（下）［M］. 杭州：浙江教育出版社，2017.

［22］王淑英主编. 九年一贯制学校优秀创新人才早期发现与培养策略的案例研究·案例成果卷［M］. 石家庄：河北美术出版社，2017.